GUERRERO: HISTORIAS Y COSTUMBRES DE PUEBLOS ORIGINARIOS

- Los conoceréis por sus nombres-

GUERRERO: HISTORIAS Y COSTUMBRES DE PUEBLOS ORIGINARIOS

SOTERO CONTRERAS

Ediciones Laponia
Houston, TX
2021

Información de catalogación de publicaciones disponible en la
Biblioteca del Congreso de los Estados Unidos.
LCCN # 2021945398

ISBN: 1-7365719-2-3
ISBN-13: 978-1-7365719-2-7

info@edicioneslaponia.com
www.edicioneslaponia.com

Impreso en los E.U.A., 2021

Ediciones Laponia

Lo que no se ha dicho está viviente,
Lo que se ha dicho se ha olvidado

Índice

Prólogo   - 17 -

Introducción   - 19 -

Capítulo 1   - 21 -

Breve historia pre y poshispánica   - 21 -

1.1 La conquista   - 25 -

1.2 Otro hecho de los españoles   - 26 -

1.3 Añorando un pedazo de tierra   - 27 -

Capítulo 2   - 30 -

Estado de Guerrero   - 30 -

2.1 Otras fechas y lugares   - 31 -

2.2 Tres razas   - 32 -

2.3 Nuestra Región   - 33 -

2.4 Huitzuco   - 34 -

Capítulo 3   - 36 -

NUESTROS PUEBLOS ORIGINARIOS   - 36 -

3.1 Pueblos existentes originarios   - 37 -

3.1.1 Lagunillas   - 37 -

Identidad, Padrones y Censos   - 38 -

Etimología   - 38 -

Empadronamientos y censos de Lagunillas   - 39 -

Obras y Huellas de personajes de Lagunillas   - 41 -

Zacarias Coronel   - 42 -

Eleuteria Riquelme   - 42 -

Historial General de Lagunilla   - 43 -

Ejidatarios y Propietarios - 44 -
El Kínder - 44 -
Escuela Primaria - 45 -
Telesecundaria - 45 -
El Agua y los Bordos - 45 -
Trabajos Variables - 46 -
El Panteón - 46 -
Fiesta Religiosa y Fiesta Patria - 47 -
El corral de Toros - 47 -
Costumbres Perdidas - 48 -
Sucesos, huellas y casos con historia - 48 -
El Perfil de Lagunillas - 50 -
Tlatejuco - 50 -
3.1.2 Tecolotla - 51 -
Censo de 2010 a 2020 - 51 -
Fundación de Tecolotla - 51 -
Ejido de Tecolotla - 52 -
Riquezas del Ejido de Tecolotla - 55 -
Lugares, construcciones, huellas y recuerdos - 56 -
Registros y Padrones de Tecolotla - 61 -
3.1.3 Texahualco - 62 -
Empadronamientos y censos - 63 -
Ejido de Texahualco - 64 -
Lugares, construcciones… de Texahualco - 65 -
Historia deTexahualco - 68 -
3.1.4 Xilocintla - 70 -
Fundación de Xilocintla - 70 -
Padrones y censos de Xilocintla - 71 -

Ejido de Xilocintla - 72 -

Historia y Desarrollo Social de Xilocintla - 74 -

La Escuela Primaria - 76 -

La Telesecundaria - 77 -

Centro cultural, social y deportivo de Xilocintla - 77 -

3.1.5 Cacahunanche - 83 -

Fundación de Cacahuananche - 84 -

Padrones y censos de Cacahuananche - 87 -

Los grandes hijos de Cacahuananche - 88 -

Biografía de José Luis Ávila López - 90 -

Lugares, construcciones y huellas del pasado - 91 -

Cosas encontradas... en Cacahuananche - 92 -

El *Kinder* - 93 -

La enseñanza y las escuelas - 94 -

La defensa social - 97 -

Variables datos y sucesos - 98 -

3.1.6 Nanche dulce - 102 -

Censos y empadronamientos - 103 -

Padrón de 1846 - 104 -

Padrón de 1849 - 104 -

3.1.7 Tlapala - 106 -

Los Nahuatls y la fundación de Tlapala - 106 -

Fundación de la hacienda de Tlapala - 107 -

Manuel de la Madrid, el hacendado - 109 -

Biografía... de la hacendada María Guadalupe - 111 -

Documento... de Tlapala junio 17 de 1865 - 115 -

Censos y empadronamientos de Tlapala - 116 -

Pequeñas biografías - 120 -

Censo de Tlapala 2010 — 124 —
Los bordos — 127 —
Agua de ejido — 128 —
Tlapala…minas de azogue — 129 —
El *kinder* — 135 —
La telesecundaria — 136 —
Bachillerato comunitario — 136 —
La banda de guerra — 137 —
Cooperativa escolar — 139 —
Clínica comunitaria — 141 —
Biografía de San Sebastián — 143 —
Cancha de basquetbol — 144 —
Cancha de futbol — 145 —
Historia del corral de toros — 146 —
El algodón — 149 —
El cacahuate — 150 —
La última yunta — 150 —
El Banco Rural — 150 —
La música "Peor es Nada" — 152 —
La defensa social — 153 —
El primer billar — 154 —
Andrew Almazán VS Manuel Ávila Camacho — 154 —
Tlapala y el primer militar — 155 —
El primer carro — 156 —
La cárcel — 157 —
Taller de costura — 157 —
Las fiestas de Tlapala — 158 —
Calle Francisco I. Madero — 159 —

7 casas de bloque — 159 -

El primer tocadisco de cuerda — 160 -

La primera televisión — 160 -

El primer radio — 160 -

Bestias mulares — 160 -

El primer tractor — 161 -

Carretera Tlapala- Tecolotla – Pololcingo — 161 -

Guadalupe Ruiz Castañeda — 162 -

La quemazón del palenque 1942 — 164 -

Tres pueblos y un solo panteón — 170 -

Registros de terrenos de Tlapala… — 172 -

Ranchos de Tlapala — 173 -

Capítulo 4 — 175 -

México: temas generales — 175 -

Ratificación de tierras y tratados de México — 175 -

4.1 Insurrecciones — 176 -

4.2 Tratado de Cahuenga — 177 -

4.3 Tratado de Guadalupe Hidalgo — 178 -

4.4 Constituciones y Leyes — 179 -

4.5 Las telas — 181 -

4.6 La Fiebre Aftosa — 181 -

4.7 La Encefalitis Equina — 183 -

4.8 La Viruela — 183 -

4.9 Novela de Porfirio Cadena — 184 -

Capítulo 5 — 185 -

Ranchos, cuadrillas, haciendas… — 185 -

5.2 Rancho de Tlilapa   - 186 -

5.3 Cuadrilla de Teponaxtla   - 187 -

5.4 Paraje de Comalacatla   - 187 -

5.5 Cuadrilla de la Españita   - 188 -

5.6 Hacienda de Almolonga   - 189 -

5.7 Paraje de Coapixca   - 190 -

   Capítulo 6   - 191 -

   Medidas y pesas anteriores   - 191 -

6.1 La Arroba   - 191 -

6.3 La Fanega   - 192 -

6.4 El Celemin   - 192 -

6.5 La Hectárea   - 192 -

   Anexos   - 194 -

Agradecimientos

En **Tlapala** a: Benjamín Villanueva, Hermelindo Peralta, Candelaria Visoso, Víctor Contreras, Procopio Betancourt, José Betancourt Betancourt, Ricardo Betancourt Salgado, Margarito Velázquez, Reymundo Betancourt, Antonino Benítez, Elvira Madrid, Juan Ocampo Betancourt, José Zavaleta Ramírez, Marcial Cuevas, Alberto Ocampo Betancourt, Rosalio Betancourt, Renato Peralta.

Prólogo

Al enfrentarme ante el reto de hacer este libro, reconozco que fueron momentos de dificultad por su complejidad y variedad, sin embargo, todo se ha ceñido a la realidad viviente, presente y pasado. Este libro solamente pretende ocuparse de las cosas y sucesos que pasaron y que se encuentran actualmente en lugares que serán mencionados directamente de aquellos que lo vieron y vivieron o que tuvieron conocimiento de lo mismo. Para ello, entrevisté a pobres y ricos, ignorantes, vivaces y cultos; vi archivos, padrones, empleados, comerciantes, políticos, catedráticos, escritores e historiadores y maestros que me dieron un gran camino lleno de datos valiosos para ponerlos en este libro. La única intención es poner en contexto y en conjunto todo lo revelado para todos aquellos que les interese conocer todo lo pasado y presente de sus pueblos, la lectura es comprensible para todos y la narración es sencilla y entendible. Pido perdón para todos aquellos que por alguna razón se sientan incómodos u ofendidos.

Sotero Contreras

Introducción

Siempre creí que escribir un libro era fácil se necesita voluntad, interés y un gran esfuerzo, gracias a documentos, archivos y viejos libros desaparecidos fue posible hacer estas reseñas; gracias a todas las personas que me ayudaron a hacerlas posible, sin ellas no hubiera sido posible la confección de este libro. Unas ya no existen y las que aún existen les agradezco por siempre.

Encontré tropiezos al principio en el arte de cómo hacer generalmente las cosas. Empecé en agosto de 2004, lo cual llevo ya 16 años en el trayecto de este trabajo.

Capítulo 1

Breve historia pre y poshispánica

Entre 30,000 al 7,000 A-C, la etapa lítica se divide en los siguientes horizontes: horizonte arqueolítico, horizonte Ceneolítico superior, horizonte protoneolítico y horizonte epiléptico

30,000 al 14,000 A- C. Horizonte arqueolítico: Se trata de un horizonte cultural compuesto por grandes nómadas, dependían de la recolección de vegetales y animales, con poca cacería. Los lugares conocidos de este horizonte son: La laguna de Chapala, Baja California Norte, El Cedral, en San Luis Potosi; Chapala-zocoalco, Jalisco; Tlapacoya, Estado. de México; Cualapan, Puebla; Loltun, Yucatán; y Teopisca-Agucatenango, Chiapas.

30,000 A-C. Aparición del hombre en México: En el Cedral, San Luis Potosí.

21,000 A-C. Primeros indicios de inmigrantes que llegaron a México: prueba de radiocarbono en Tlapacoya, cerca de la cd, de México; Tlapacoya se localiza a 25 kms al sureste de la ciudad de México. En Tlapacoya se encontraron restos de viviendas junto con huesos de animales que en ese lugar se asaron.

20,000 A-C. Presa de Balsequillo: En este sitio, al sur de la ciudad de Puebla, se exhumaron artefactos asociados a fósiles pleistocénicos. Entre los hallazgos destaca un hueso pélvico de elefante prehistórico sobre cuya superficie se hicieron burdas incisiones que sugieren la existencia de animales como bisontes y tapires.

14,000 al 9,000 A-C. Horizonte Ceneolítico Inferior: Los hallazgos más importantes de este horizonte son los de la Laguna de Chapala, se caracteriza mayormente por la caza. Se observa una proliferación fantástica de puntas de proyectil, dicho artefacto apareció disperso en Norteamérica y en América Central, y aparecen los implementos de molienda, muelas y morteros. Al final del Cenolítico Inferior es ya claro el desarrollo de la explicación en la costa y la explotación de los recursos marítimos.

CA. 10,000 A- C. Hombre de Tepexpan: (resto humano más antiguo de Mesoamérica)

9,000 al 7,000 A – C. Horizonte Cenolítico Superior: aparecen los primeros instrumentos de molienda como metates planos; se advierten los principios de la técnica de Pulido de la Piedra en artefactos tales como morteros y hachas. Se dan los primeros pasos para la domesticación de las plantas entre las cuales son la calabaza, chayote, chile, amaranto, maíz y frijol. Con relación a la caza, continúa con animales de tamaño medio y pequeño. Se sigue viviendo en cuevas o en campamentos al aire libre, por lo regular próximos a fuentes de agua. Algunos sitios de esta etapa son: Querétaro, el centro de Veracruz; Tecolote, Hidalgo, Santa Isabel Ixtapan 1 y 11, el estado. de México; el Riego, Las Abejas y Coxcatlán, Puebla.

7,200 al 5,700 A- C. Fase el Riego de Tehuacan, Puebla: Se dieron los primeros pasos a la agricultura cuando algunas plantas como el aguacate, la calabaza y quizá semillas de amaranto y chile comenzaron a cultivarse periódicamente. En la fase Coxcatlán hizo su aparición el maíz.

7,000 al 4,000 A- C. Horizonte Protoneolítico: Se da el primer maíz cultivado, también se cultivan frijoles y calabazas. Surge la necesidad de asentamiento fijo, al menos por algunos meses al año y se da la relación social tan importante en el intercambio de productos.

4,500 al 3,500 A – C. Horizonte Epilítico: Aparece la cerámica, el complejo más antiguo es el que se forma con los materiales cerámicos encontrados en el sitio de Puerto Marqués y los de la fase Purrón; El Segundo complejo cerámico, el ocos, es frecuente en Chiapas y Guatemala.

4,300 al 3,000 A - C. Aparecen las primeras aldeas de población semipermanentes ya que la agricultura había hecho posible que los grupos se asentaran en un solo lugar. El cultivo de maíz se hallaba definitivamente establecido, así como el uso del algodón y dos tipos de frijol.

CA. 2,500 A -C. Aparecieron las primeras piezas de cerámica del México Central y se comienza a tejer el algodón en diseños muy complejos, aunque los materiales más comunes empleados en los tejidos eran las fibras de yuca o agave.

2,400 A – C. Fase Purrón en Tehuacán, Puebla. Se empieza a vestir con piel de jaguar y se encontraron los ejemplos más antiguos de cerámica de Mesoamérica.

NOTA

Como hemos visto en el trascurso de estos relatos. La letra C y A antes de una fecha, significa cerca aproximadamente. Al igual que si dijéramos A. C. Antes de Cristo o D.C. Después de Cristo.

1800 al 1,000 A – C. La fase Jalpan de Tehuacán, Puebla. Marca el término del proceso de domesticación de animales y plantas.

1,325. Ya en la E-C, nacen las primeras tribus en México como los Mayas, Aztecas, Chichimecas, Toltecas, Tarascos y muchas más ya desaparecidas. Todo esto es lo que han encontrado y dicen los arqueólogos, antropólogos, Paleontólogos y de acuerdo por los estudios que ha hecho el I-N-A-H- En México.

1,492. Llega el invasor Cristóbal Colón a México. Colón, Genovés, italiano, nació en 1451 y murió en Valladolid España en 1506.

1.1 La conquista

La conquista española en México fue de1519 a 1521 cuando cayó la gran Tenoxtitlan e inició la colonización por Hernán Cortés. El 28 de febrero de 1525 muere el último emperador rey Azteca Cuahutemoc. Ahorcado por órdenes de Cortés. En este periodo comienzan a dispersarse las tribus por todo el país. Durante la conquista los españoles aplicaron los adagios de hoy en política: "divide y vencerás" "corrompe y triunfaras" El azote de la esclavitud cundió junto con la imposición católica. En 1531 hacen aparecer la virgen de Guadalupe al natural Juan Diego. Fue odioso el trato que dieron los españoles. El archivo de Indias se encuentra en España y nunca se sabrá del todo el desmadre y mal que causaron en la conquista de toda América. El lema era "Dios, Gloria y Oro", en el arrebato del saqueo. Un reporte de los invasores al rey de España en 1529 dice: "nos hemos esforzado por instruir a los indios y no ha sido fácil, hay un dicho aquí entre nuestros compañeros españoles, que ya existía mucho antes de nuestra llegada: Los indios no oyen más que por sus nalgas; sin embargo, tratamos de tener en mente que estos indios o aztecas, como actualmente la mayoría de los españoles llaman a esta tribu o nación en particular, miserable y empobrecidos espiritualmente, son inferiores al resto de la humanidad"

1.2 Otro hecho de los españoles

En 1767 los españoles sofocaron un mitin popular que estalló en Guanajuato y en San Luis Potosí para oponerse a la expulsión de los jesuitas. Los españoles degollaron a 87 revoltosos y propinaron azotes a 73 y encarcelaron a 654; El virrey en turno, Márquez de Croix, expidió la célebre proclama que dice: "De una vez para lo venidero deben saber los habitantes de este reino que nacieron para obedecer y callar y no para inmiscuirse ni opinar en los altos asuntos del gobierno". En este mismo año 1767 las dos terceras partes de los americanos sabían leer y escribir, mientras en México el 95 por ciento de los novohispanos eran analfabetos. Los peregrinos ingleses en Norteamérica buscaron la consolidación de una nación y no el saqueo y la esclavitud como los españoles hicieron en México. La población de todo el continente americano, se estima que antes de la ocupación española, inglesa y portuguesa, era de 9, 800, 000 a 13, 385, 000 indígenas, después disminuyó por las enfermedades que trajeron los conquistadores.

1.3 Añorando un pedazo de tierra

Existen documentos que dicen que Francisco Antonio Echeverry fue mandado por España a México para repartir, ver, oír y hacer justicia para los naturales a través de las reales audiencias. Los naturales suspiraban por un pedacito de tierra. Todo fue un teatro político de la audiencia española, pues ya Hernán Cortés se había hecho dueño de las mejores tierras y las había repartido también a sus capitanes, soldados y el resto de sus compatriotas buscadores de riquezas en México. Otro escrito dice que en 1711 los naturales poseían sus tierras y pastos concedidos por el subdelegado Félix Juárez de Figueroa, cuya declaración fue hecha por Francisco Antonio de Echeverry. Todos los delegados y representantes de la corona española solo les daban tierras a unos cuantos. Hubo un gran descontrol de las tierras en México en la ocupación española. En 1697 eran desposeídos de sus tierras los naturales, pero la primera petición de tierras en México por los naturales a la corona española fue el 15 de octubre de 1754 dicen algunos documentos. Los pueblos naturales (antes de 1820, o sea, después de la independencia) 8,000 pueblos, rancherías y cuadrillas indígenas desaparecieron por el conflicto armado solo en la zona del conflicto. Años después las leyes de baldíos aprobadas por el dictador Porfirio Díaz, causaron más problemas que arreglos en cuestión de las tierras. Habían pasado ya más de 300 años de Resistencia y en 1810 el 45 por ciento de los naturales y amestizados habían logrado retener sus tierras. El país estaba muy convulsionado y el gobierno inestable; el 1 de febrero de 1823, se firmó el plan de Casa Mata, documento en que Guadalupe Victoria y Antonio López de Santa Ana se lanzaron contra Iturbide para derrocar el imperio y buscar la proclamación de la república cuando ya Europa había clausurado definitivamente el tribunal de la antigua santa inquisición el 10 de junio de 1820. No fue fácil, fue hasta 1996 que el Instituto Nacional de estadística y geografía informática (INEGI) extendió títulos tipo absolución donde ahora puedes comprar y vender tierras. Más adelante narraré otros hechos de las tierras en nuestra región.

Capítulo 2

Estado de Guerrero

Como ya dije anteriormente, después de la muerte de Cuahutemoc hubo etnias que huyeron al sur y entre estas están los Mixtecos, Tlapanecas, Amuzgos, al igual que los Tlahuicas que entraron a Guerrero y que procedían de Cuahunauac en el estado de México. Los Xochimilcas que eran también del estado. de México. De Puebla entraron a Guerrero Los Chuletecas, Tlaxcaltecas o Huejotzingas. La tribu Coahuixca habitó en el centro, y en el norte y en ambas costas de Guerrero los Cuitlatecos habitaron en la región de Atoyac, Tecpan, Teloloapan y Ajuchitlan del Progreso. Los desaparecidos Yopes vivieron en Zacatlán, que se extiende desde Petatlán, Guerrero hasta el estado de Colima. La etnia Tarasca habitó en Coyuca de catalán, Zirándaro, cd, Altamirano, Cutzamala y Cuahuayutla. Los Yopes y su reinado nunca fueron sometidos por los Aztecas antes de la conquista y en sus luchas; Los Yopes fueron descendientes de la rama étnica desaparecida de los Tlapanecas que habitaron en las montañas del sur del estado de Guerrero Los Chontales en la época precolombina existieron en Iguala y sus alrededores en 1347 y fueron sometidos por los Aztecas en 1340 siendo Izcoatl el gran Tlatoani de los Aztecas en la época del emperador Moctezuma. En 1835 Iguala fue declarada ciudad Yoloan

2.1 Otras fechas y lugares

En plena época precortesiana fue fundada Cuernavaca por reyes sin tribus en 1200 en la E-C. Según los críticos, burócratas y estudiosos, dicen que Tlaxmalac existe desde 200 a 250 años antes de la E-C. o sea, en la fase Jalpan de Tehuacán, Puebla. Dicen que existió un reinado en Tlaxmalac, al igual que en Teocalcingo existió un cacicazgo, aunque no relevante como el de Tlaxmalac. Los científicos aún no se ponen de acuerdo de las fechas. En 1492 Colón descubre América; en 1607 vienen los primeros colonos a América (EE-UU). En 1620 llegan los peregrinos ingleses a América en el barco ship Mayflower. En México ya existía la ciudad de Puebla y su fundación es de 1561 con título como ciudad por cédula real española. En 1690 aún había gobernadores naturales (indios) en Huitzuco; Dijo la Dra. Natalia Castrejón en su libro *Síntesis Históricas de*

Huitzuco. En 1554 muere en México el represor y ejecutor de Cuahutemoc Hernán Cortés. En 1526 se funda la villa Antequera, hoy ciudad de Oaxaca. El 4 de julio de 1776 los EE-UU declara su independencia de Inglaterra. En México ya existían muchos mestizos aletrados en este año (1776). México declara su independencia de España en 1810, o sea, 34 años después de los EE-UU. 115 años tuvieron que pasar para que los primeros colonos llegaran a América (EE-UU). Colón en México en 1492. Los colonos ingleses en 1607 a América. En 1787 es escrita la constitución de los EE-UU por los patriotas americanos y tuvieron que pasar solo 11 años para hacer su constitución. México hace su primera constitución en 1824 y son 14 años después de dar su grito de independencia. En 1781 se funda como ciudad Los Ángeles California, por un puñado de españoles, de 1848 a 1849 fue la fiebre del oro en California y en 1850 pasa ser el trigésimo estado de los estados Unidos.

2.2 Tres razas

En el estado de Guerrero existen tres razas, la de los naturales que siempre ha sido la primera, la mestiza (segunda) después que llegaron los españoles a nuestra región en 1667 y la tercera es la de color negro, que existen en las dos costas y que fueron abandonados por los mercaderes de esclavos en los puertos de Acapulco y otros. El único municipio con personas de color es el de Cuajinicuilapa en la costa chica en Guerrero y Veracruz son los únicos estados en todo México que tienen personas de color.

2.3 Nuestra Región

Como ya dije, los españoles llegan a nuestra región en 1667; para1700 la población mestiza y carente de conocimientos de saber leer y escribir se dan en Huitzuco, Xilocintla, en La Hacienda de Almolonga, Lagunillas y en la hacienda de Tlapala que son los pueblos más viejos. Para ese año (1700). Ya los fundadores de estos pueblos en su mayoría naturales, se habían ido más al sur. Para 1715, los mestizos surgen en más cantidad en Tlaxmalac, Polololcingo, hacienda de Tepatitlán, Conalejas lo que ahora es Atétela y Rancho de Coyantlan y de todas las haciendas que más adelante narraré. Otro caso es que los naturales y mestizos obligados por los españoles se ponían dos nombres propios en lugar de apellidos o de animales. Un ejemplo es que en el padrón de 1846 hay pruebas de eso. En nuestro estado y región, la cultura de nuestros antepasados náhuatls, no fue tan rica como la maya que enriqueció las ilustres obras como el Raibal Achi, *El Popol Vuh* y el famoso *Chilam Balam.*

2.4 Huitzuco

Ya para este año 1715, los problemas sociales se agravaban por cuestión de las tierras; Huitzuco se convirtió en un centro religioso, comercial, cultural y centro de oidores y quejas sobre las tierras que tenían los españoles, los oidores los ponía la Real Audiencia Española que se encontraba en Taxco para mitigar un poco el clamor de sed de tener un pedazo de tierra que pedían los naturales. Nunca dieron solución las audiencias a la tenencia de tierras. Aclaro que la Real Audiencia Española fue lo que ahora sería la procuraduría agraria. La cofradía religiosa católica impuesta por los españoles se encontraba en Tlaxmalac, todo natural y mestizo debía pagar un impuesto por ser católico y si no se iría al infierno ardiente, pero antes era azotado con un látigo. La cofradía desapareció con las leyes de reforma hechas por Benito Juárez quitándoles el privilegio a los del clero católico. La Dra. Natalia dijo en su libro que Huitzuco fue formado por el padre Juan Antonio González de la Zarza; que nació en Xochimilco en 1700 y que llegó a Huitzuco en 1733 y murió en 1784, fue natural y que reunió a otros pueblitos cercanos a Huitzuco con la intención de construir la iglesia, la cual se empezó en 1733 y se terminó en 1757. En 1711 fue cuando empezó a llegar demasiada gente natural y mestiza en busca de ayuda por sus tierras y no   como otros desinformados que dicen que fue a partir de 1711 que Huitzuco fue municipio; esto es falso, porque aún no se formaba el estado de Guerrero. Huitzuco se constituyó como municipio en 1850 y fue uno de los 38 primeros municipios al formarse el estado. el 27 de octubre de 1849.

Capítulo 3

NUESTROS PUEBLOS ORIGINARIOS

En estas reseñas expongo el desarrollo y la fundación de cada uno de los pueblos originaros, el sacrificio, la variación y acontecimientos de triunfos y fracasos, cada uno tiene su propia historia. Hasta la mitad de la década de 1960, todos los pueblos de nuestra región eran católicos; después empezaron a surgir otras religiones, nuestra enseñanza escolar en esos tiempos fue deficiente, salvo que en la actualidad ha mejorado un poquito en comparación con aquellos tiempos y a otros países. Las religiones y los políticos han esclavizado a los pueblos y cuadrillas con sus mensajes oscuros, dejándolos en el mismo rezago desde tiempos inmemoriales. Predigo que para el año 2050, toda la Sociedad Mexicana será de nivel avanzado en todos los aspectos sin dejar nuestras costumbres culturales y religiosas, será otro nivel de ver y creer en política, religión y tratos dentro de la misma Sociedad. Nuestros pueblos surgieron del sacrificio y la necesidad de tener un pedazo de tierra, porque solo unidos se les respetaba por los ricos terratenientes, las haciendas y el gobierno;

ejemplos son Tecolotla, Cacahunanche, y Texahualco, narraré de cada uno su supervivencia y evolución, desastres, guerras y pandemias, y la desaparición de otras cuadrillas pero que existen sus nombres en los archivos de la historia. Aclaro que me enfoqué solo en los pueblos que enlisto a continuación; también narraré sucesos y acontecimientos que pasaron en estos lugares algunos hombres y mujeres, plasmados en las narraciones de este libro.

3.1 Pueblos existentes originarios

Lagunillas, Tecolotla, Texahualco, Nanche Dulce, Xilocintla, Cacahuananche, Tlapala. Villas, Aldeas, Parajes, Rancherías y Haciendas Originales. Desaparecidas: Ceja Blanca, Coapisca, El Platanar, Rancho de Coyantlan, Cococingo, Tlilapa, Comalacatla, Los Lavaderos, Teponaxtla, Tlaltejuco, La Españita, Los Huajes, San Marino, Los Miradores, Agua Zarca.

3.1.1 Lagunillas

En 1695 aparecen las primeras casas rústicas que hacían los naturales que les servían de protección en su paso asía más al sur; si les gustaba el lugar se quedaban un tiempo y si no se iban más al sur y así sucesivamente pasaron los años, hasta que en 1700 aparecen las primeras casas ya más en forma, dando lugar a una aldea formada por naturales. En 1750 Lagunillas era toda una ranchería formada por naturales en mayoría y pocos mestizos. El aumento de la población fue muy lento debido a algunos factores como las enfermedades, la inestabilidad social, el acoso y las guerras de otras etnias.

Identidad, Padrones y Censos

Nombre actual: Lagunillas, nombre primitivo: Pequeñas Lagunas.

Etimología

Pequeñas Lagunas.

Es la etimología en lengua náhuatl de Lagunillas, casi en el período del primer presidente de México, de Guadalupe Victoria en 1824 se levantó el primer padrón de la población en México. El primer censo se realizó en el virreinato del dictador Porfirio Diaz en 1895. Lagunillas fue censada por el INEGI entre 2010 a 2020 y esto es lo que se expuso; Lagunillas está a 1200 metros sobre el nivel del mar. Tiene 562 habitantes, 64 son hombres y 298 son mujeres, 4 personas viven en hogares indígenas, los habitantes de más de 5 años de edad 3 personas hablan un idioma indígena. Hay 144 hogares, 51 de ellos tienen piso de tierra, 45 hogares tienen instalaciones sanitarias. 142 hogares tienen luz eléctrica, 27 hogares tienen una lavadora, 130 hogares tienen un televisor, hay 67 analfabetos. Encontré un padrón incompleto de Lagunillas de 1842 y dice que, entre Lagunillas y Nanche Dulce, solo había 5 hombres empadronados y que esos 5 hombres irían a la Guerra. En esos tiempos los hombres no se registraban en los empadronamientos porque no querían ir a la Guerra.

Empadronamientos y censos de Lagunillas

El primer padrón completo de Lagunillas es de 1846 y dice que había 151 habitantes entre hombres y mujeres, había 15 apellidos, hubo 8 apellidos repetidos en 20 hogares y no se sabe si fueron descendientes directos o no. Hubo 45 matrimonios, había 14 matrimonios (non) o sea, él o ella era natural o mestizo sin apellido. Hubo 3 hombres naturales en 3 matrimonios y 11 mujeres de linaje natural en 11 matrimonios, también 3 hombres y 2 mujeres viudos. Los empadronadores clasificaron a las niñas de 12 años como doncellas, o sea, solteras y solo se encontraron 10. Había 12 hombres de 12 años como solteros entre mestizos y naturales, 80 amestizados entre hombres y mujeres 48 mujeres y 32 hombres; 106 naturales entre hombres y mujeres, 55 mujeres y 51 hombres. El hombre más viejo tenía 78 años y se llamaba Dionicio Trinidad, era natural. María Ramona de 56, natural era la más longeva. Antonio Estrada mestizo de 67 años era el más viejo. María Catalán mestiza de 56 años era la más longeva. La mayor población no pasaba de los 25 años en su mayoría, 108 personas entre mujeres y hombres formaban el grueso de la juventud en 1846 en Lagunillas. Aclaro que solo pongo en línea los padrones y censos encontrados en siglos y décadas pasadas. Sorprendente y variable son las huellas del pasado de la población de Lagunillas. Explico que 1846 Nanche Dulce se empadronaba independiente de Lagunillas y fue hasta 1866 que volvieron a empadronarse juntos, en 1930 se volvieron a separar hasta hoy en día. En 1842 solo había 128 habitantes entre Nanche Dulce y Lagunillas en un padrón incompleto. En 1846 eran 151 habitantes, en 1849 solo eran 143, en 1900 eran 350, en 1928 se registraron 488, en 1931 eran 507 habitantes, en 1932 eran 530, en 1937 había 594 habitantes. Hasta 1943 el gobierno federal dejo copias de los censos en las cabeceras municipales de los estados. El aumento de la población subía y bajaba debido a varios factores.

Hoy en día el INEGI, organismo creado por el gobierno federal, es el encargado de los censos y hacer otros estudios.

Obras y Huellas de personajes de Lagunillas

En el libro de la Dra. Natalia Castrejón *Síntesis históricas de Huitzuco* dice que el 28 de marzo de 1827, fue citado a comparecer el Sr, Antonio Arcos de Lagunillas para dar fe y testimonio sobre los linderos del ejido, ya que en ese año se median por primera vez los terrenos en nuestra región pedido por el juez oidor de tierras de Taxco. Todo fue por culpa del terrateniente Félix Marban de Chucingo quien quería apropiarse de más terreno. Se muestra que en esos tiempos apenas surgía como cuadrilla, Lagunillas. El Sr, Félix ya era dueño de muchos terrenos; dentro del ejido de Lagunillas hay una parte que en tiempos del porfiriato fue propiedad privada y hoy en día no se sabe de los lugares donde fue. Lagunillas es más nueva que Xilocintla y Tlapala fechas y documentos lo demuestran. El Sr. Antonio Arcos se puso al frente defendiendo las colindancias del ejido y creo que en la actualidad ninguna calle lleva su nombre en recuerdo a su memoria. Fue un hombre mestizo y poco se sabe de él, ya busqué en todos los padrones y no lo encontré. Se cree que murió entre 1840 a 1845.

Zacarias Coronel

El Sr. Zacarias en 1900 tiene 40 años, Casado con Agripina Sánchez de 30 años, tienen 2 hijos José de 14 años y Alberto de 12. José Coronel en 1928 tiene 45 años Casado el censo no dice con quién, se cree que ya era viudo y su hijo es Emidio Coronel y tiene 22 años casado con Victoria Hernández de 19 años. Este es el linaje de Zacarias y este personaje inventó la danza de los 'Vaqueros' en 1870, fue muy popular en los años que siguieron hasta que desapareció en la década de 1940 aproximadamente. La danza era que todo el tiempo estaban danzando, hablaban mucho y actuaban poco y hablaban en voz baja y no se les entendía nada de lo que decían.

Eleuteria Riquelme

En el censo de 1937 Eleuteria tenía 22 años, la cual nacida en 1915, fue hija de Silviana Catalán viuda de 50 años; La señorita Eleuteria en dicho padrón era soltera y se dice que nunca se casó y tampoco tuvo hijos. Eleuteria era una ferviente devota católica y que siempre cooperaba para cualquier obra de la iglesia y demás cooperaciones para el pueblo. Era una prospera comerciante y ayudaba prestándoles dinero o fiándoles mercancía a todos los pobres, era muy querida en Lagunillas y por otros pueblos por que los ayudaba. Su asesinato fue en 1973 teniendo 58 años, su tumba se encuentra en el solar de la iglesia porque el pueblo así lo decidió. La robaron y por eso la asesinaron. Estas pequeñas biografías son de los hijos que han sobresalido y ha tenido Lagunillas a través de su historia y nadie los recuerda con algún nombramiento público.

Historial General de Lagunilla

El tipo de raza que predomina es mayoritariamente mestiza y es el único pueblo en la región que tiene personas blancas. Han salido profesionales como doctores, licenciados; Matías Chávez es uno de ellos; militares y maestros. El personaje más importante que ha visitado Lagunillas desde su historia fue el ingeniero Rubén Figueroa Figueroa en 1973. Rubén visitó toda nuestra región porque hacia campaña política y en Lagunillas saludo a viejos amigos como Emidio Coronel y a Carmen Sánchez.

Ejidatarios y Propietarios

Mi entrevistador no supo cuántos ejidatarios son, ya que Nanche Dulce no tiene ejido y los que tienen tierras están reconocidos en Lagunillas. Los ejidatarios le dieron parcela escolar tipo cooperativa a la escuela primaria Emiliano Zapata; se desconoce en qué año se dio esa contribución. Existen propietarios de tierras y estos son: Hipólito Coronel, Emidio Coronel, Viviano Coronel, Aurelio Apaez, Audiel Apaez, Maria Hernández, Domitilo Deloya, y Alberto Coronel, a su esfuerzo y sudor han surgido estos propietarios. Tampoco se sabe cuántos kilómetros cuadrados tiene todo el ejido. Los colores que existen de tierra son gris, barro negro y tierra blanca. Los tipos de piedra son: piedra azul, piedra de cantera en su mayoría y piedra calosa.

El Kínder

La enseñanza preescolar no se sabe en qué año empezó y tampoco se recuerda en que año se construyó el kínder y ni se sabe quién dio los recursos y materiales para construirlo. El terreno lo donó el Sr. Mario Velázquez. El kínder se llama Juan Ruiz de Alarcón, tampoco se sabe quiénes fueron los primeros educadores de la primera generación.

Escuela Primaria

La escuela primaria se llama Emiliano Zapata, no se sabe en qué año pasó a organización completa, tampoco se sabe desde cuándo se empezó a enseñar con el silabario. En la década de los 60, los niños y jóvenes iban a Tlapala a estudiar la primeria porque en Lagunillas no había primaria completa.

Telesecundaria

La telesecundaria se llama Belisario Domínguez y recibe a los alumnos de Nanche Dulce. No se recuerda cuando se construyó ni quien dio los recursos y material para construirla. Se desconoce quiénes fueron los primeros maestros de la primera generación.

El Agua y los Bordos

Hay 10 pozos de agua entre aguajes u ojos de agua dulce y salada y se encuentran en Xatlanapa, Tlaltejuco, la Barranca Onda y El Zapote. Existen 3 bordos para retener agua y se usan de abrevaderos para los animales y lavar ropa. Los bordos no tienen nombres y solo se les conoce por el lugar donde se encuentran como el Bordo de la Piedra Rica, el Bordo de los Anonos y el

Bordo del Trapo Blanco; La fecha de sus construcciones se desconoce, así como quién dio el material y el presupuesto.

Trabajos Variables

Antes de 1973 las labores de los hombres era llevar leña a la mina para la fundición del azogue o sinabrio, cultivar la tierra en tiempos de lluvia y el que tenía ganado a la ganadería se dedicaba; los cambios vinieron en 1975 porque se dejó de llevar leña a la mina porque el azogue bajó su precio y ya no era rentable para los gambusinos. Los hombres emigraron a la ciudad de México y a los EE-UU. La costumbre de sembrar y la ganadería siguieron, solo la de llevar leña a la mina desapareció hasta hoy en día, porque se llevaba leña en tiempos de sequía, de lluvias o temporal.

El Panteón

No se sabe del año de su fundación del panteón. A mi entrevistador le pregunté en 2014 que cuándo habían embardado el panteón y me dijo que fue en 1986. Los ciudadanos de Nanche Dulce se entierran en el panteón de Lagunillas porque Nanche no tiene panteón y gustosamente lo comparten. Lagunillas, Cacahuananche y Tlapala ambas cuadrillas acordaron en hacer un panteón en 1918 por la mortandad de la pandemia de la fiebre amarilla o fiebre española (ver Tlapala).

Fiesta Religiosa y Fiesta Patria

Lagunillas hace anualmente dos fiestas, la fiesta religiosa la hace cada 12 de diciembre en honor a la virgen de Guadalupe festejando con procesión, quema y juegos pirotécnicos como la quema de Castillo y toritos. No se sabe desde cuando hacen esta fiesta religiosa, el 90 por ciento del pueblo es católico. La fiesta patria la festejan cada 16 de septiembre de cada año y así recuerdan la independencia de México, con desfile, bailables, recitaciones y tronando cohetes, hacen jaripeos, juegan toros de 4 a 6 días y por las noches hacen bailes en ambas fiestas.

El corral de Toros

El primer corral de toros que se hizo, fue en el calmil del Sr. Francisco Vázquez no se sabe de la fecha; tampoco se sabe del año en que Lagunillas decidió ponerle tubos al actual corral de toros y ni se sabe quién dio el material y todo el presupuesto. El corral lo hizo el maestro albañil Vicente Alarcón de Tlapala.

Costumbres Perdidas

Las costumbres pérdidas son los huaraches de orqueta de llanta de carro de suela muy gruesa, por cierto, con ellas agarraban a arreatazos a los novios que iban a pedir perdón a los suegros cuando la novia se iba con el novio, o les jalaban las orejas y los hincaban. Agacharse en señal de respeto cuando una persona mayor tomaba agua si es que era menor quien la miraba y estaba presente, tenía que cruzarse de brazos en señal de respeto. Que los jóvenes montados a caballo fueran a Huitzuco cuando los novios se iban a casar por el civil y una señorita se montaba en la silla del caballo y el joven en el anca del caballo, pero había respeto y paciencia hasta la médula, todas esas costumbres se terminaron.

Sucesos, huellas y casos con historia

Las primeras bestias mulares las obtuvieron los Srs. Baldomero Benítez y Crespín Riquelme; se desconoce el año que las tuvieron. El ultimo agricultor que sembró con bueyes fue el Sr. Alberto Arellano y no se conoce el año que fue. Existe una Cueva llamada La Ajonjolinera en el ejido, no se sabe su profundidad. La primera casa de teja y de adobe que existió fue de Juan Apaez y la primera casa de lámina fue del Sr. Rómulo Apaez, tampoco se sabe del año de su construcción. La primera casa de azotea la construyo el Sr. Luis Chávez, no se sabe el año. La primera cárcel estuvo en el lugar donde se encuentra la escuela primaria actualmente, se desconoce el año. Me dicen que hubo defensa social y lo que no supieron decirme quienes la formaban y en qué año existió. El primer tocadisco que existió y tocó fue del Sr. José Catalán, comunicaba toda clase de anuncios y reproducía música, lo que no se sabe es en qué año lo compró el Sr. José. El primer radio que hubo en Lagunillas fue del Sr. Aristeo Vázquez, no se sabe en qué año lo adquirió. El primer maestro que ha salido nativo del pueblo de Lagunillas fue el Sr. Santiago Chávez, no se sabe del año en que recibió el título profesional. Antes de 1973 existió una palomilla que montaba y capoteaba toros y sus integrantes fueron Nicanor Chávez, Wilfrido Chávez y otros de apellido Catalán que no supieron darme los nombres; en total solo fueron 9 de Lagunillas y la otra parte de la palomilla fueron de Nanche Dulce, nunca fueron reconocidos por algún nombramiento con apodos a la usanza de ahora y con respeto aclaro que no se sabe si aún existen. En 1970 existió un grupo musical llamado *El Horóscopo Musical* no se recuerda quienes fueron sus miembros y ni cuantos lo formaban.

El Perfil de Lagunillas

La socialización de Lagunillas tiene el perfil y nivel de comunicación bajo al lado de otros pueblos de la región debido a varios factores que el mismo pueblo reconoce, a mí me lo han comentado personas que lamentan lo antes expresado. En política tampoco tiene un avance sociopolítico. Los jóvenes en preparación cultural tienen un porcentaje convincente. Religiosamente es un pueblo sumamente católico.

Tlaltejuco

Este es un paraje de paso y de cobijo desde tiempos inmemoriales, en este lugar se paraban los viajeros que transitaban y era un lugar tranquilo, había agua y en tiempos de lluvia se sembraba. Este lugar se encuentra dentro del ejido de Lagunillas y es próspero para el que siembra en Tlaltejuco. En 1785 se dice que había casas habitadas por naturales.

3.1.2 Tecolotla

La etimología de Tecolotla en Nahuatl; Tecolotla o Tecolotlan, "Tecolt – Tecolote" Lugar donde abundan Tecolotes, es el significado de Tecolotla.

Censo de 2010 a 2020

En este censo hecho por el INEGI en la década pasada expuso toda la estadística general de Tecolotla. Se ubica a 1043 metros sobre el nivel del mar. Tiene 335 habitantes, 151 son hombres y 184 son mujeres, 79 hogares, 31 hogares tienen piso de tierra. 32 viviendas tienen instalaciones sanitarias. 74 hogares tienen luz eléctrica y 17 hogares tienen una lavadora. 63 hogares tienen una televisión. Hay 42 personas analfabetas.

Fundación de Tecolotla

Tecolotla fue fundada por mestizos rancheros en 1852, estos rancheros ponían sus ranchos en los lugares donde había abundante pastura y agua, y solo era de entre 3 y 5 rancheros. Entre 1876 a 1883 deja de ser ranchería y pasa a la categoría de cuadrilla y los que le dieron realce como cuadrilla fueron el rico terrateniente y ganadero José Celis, de Pololcingo, Guerrero; y otros de Huitzuco y Tlapala. El lugar donde se encuentra actualmente era de Pololcingo. Existe un documento oficial que más adelante narraré, dice el documento que había en Tlapala de fecha 6 de octubre de 1883, 12 ranchos registrados en concentración en Tlapala, en este año solo hay un rancho registrado de Tecolotla y que el dueño es el Sr. Pedro Jaimes, no se sabe por qué se registraron en Tlapala pues Huitzuco ya existía como municipio. Tecolotla obtuvo cello oficial como cuadrilla registrada, cuando solicitó escuela y maestro al gobierno.

Ejido de Tecolotla

Como ya dije antes, la fundación de Tecolotla se realizó en terreno de Pololcingo, pero con el paso de los años Pololcingo se los dejó, aunque hubo nuevas colindancias todo quedó olvidado. Tecolotla tenía muy poco terreno, casi nada y los ciudadanos necesitaban terreno para sembrar y mantener sus familias; era lo habitual en esos años 1936 o en 1937 porque no hay una fecha exacta que se recuerde o algún escrito; Tecolotla expropia terreno. Se especula que los que iniciaron el movimiento de expropiación tenían la enorme necesidad de tener un pedazo de tierra para sembrar y era justo por la enorme carencia del maíz que era el pan de cada día de aquellos tiempos ya que las revoluciones, los alzados y el acoso del gobierno ponían en carencias al país y a nuestra región. Aquellos hombres que expropiaron dejaron su legado que hoy existe y ellos fueron Marcelino Gómez, Pablo Romero, Rutilio Téllez, Fidel Carranza, Nicolás Téllez, Seferino Hernández, Faustino Hernández, Persiliano Bahena, Marciano Benítez, Salomón Cruz, Gerardo Bahena, Esteban Vázquez, ,Manuel Vázquez, Leobardo Sánchez, Andrés Cruz, Aristeo Sánchez, Ramon Sánchez, Adrián Lopez, Paulino Catalán, Gabino Sánchez, Adalberto Segura; Todos estos hombres ya no existen y la tierra que expropiaron fue de Tlapala. Las líneas antiguas eran desde el punto llamado El Palo Blanco a dar a las faldas del lado sur de Tecolotla donde ahora ya está poblado y bajaba la línea a dar al amate y corría por toda la barranca a dar a los pozos del llano de Huitzuco y subía al cerro donde ahora es de Tecolotla. (ver Tlapala). Total, pasan unos años y Tecolotla vuelve a expropiar, ahora se expropia la propiedad privada al Sr. Jesús Soto; Jesús era un propietario de Huitzuco y se dice que fue presidente municipal de Huitzuco en 1902, y si es así, se cree que para 1939 y 1940 ya había muerto, porque la expropiación pasó en esos años. La propiedad era toda la llamada *Palma Real* hasta llegar a la mina del Chacuaco; Es así como Tecolotla se hizo de tierras, cerros, y valles, todo el ejido tiene tan solo el 47 por ciento de tierra cultivable. Me comentaron que desde 1937 existen documentos oficiales que muestran que Tecolotla tiene terreno ejidal y ejidatarios con títulos, mi entrevistado dijo que hay 82 ejidatarios registrados aproximadamente. No se sabe cuántos km² mide todo el ejido, solo saben que colindan con Pololcingo, Xochimilco, Huitzuco y Tlapala. En 1937 recién expropiado el terreno a Tlapala hubo acuerdos verbales entre los ciudadanos de Tecolotla sobre las tierras para sembrar mientras la cuadrilla no creciera y ya que fuera creciendo esas tierras serían entregadas para el casco de la cuadrilla en urbanización y asentamientos para los propios habitantes. Han pasado muchos años y ha crecido Tecolotla y me dijeron que nadie reclama esos acuerdos, pues no ubo algún documento firmado. Nadie sabe cuántos km² mide el asentamiento o si esta medido. En el punto llamado San Agustín y parte de la Guadalupe, tienen el mineral de azogue o sinabrio que fue explotado en su mayor extracción en la decada de 1940, la gran bonanza la realizó Jacobo Haydar, anteriormente, a finales de 1800 se dice que la explotación fue hecha por Carmen Romero esposa del dictador Díaz y que hasta el ejército mexicano resguardaba las instalaciones de la mina llamada *El Tiro General.* Ya cuando Haydar tomó el lugar era porque ya no estaba en servicio y él la volvió a explotar y en esa época dorada se beneficiaron los comerciantes compradores de azogue de Huitzuco así como los pueblos de la región como Lagunillas, Nanche Dulce, Cacahunanche, Texahualco, Xochimilco, Xoyacuautla, Tecolotla y Tlapala, los habitantes de estos pueblos acarreaban leña para fundir la tierra de azogue y otros sacaban tierra de las profundidades donde se encontraba el mineral y les llamaban chunderos, otros horneaban la tierra de azogue, en esos tiempos no había otras fuentes de trabajos, es por eso que hasta los cerros quedaron pelones, sin árboles, solo en los tiempos de lluvia había algunos que dejaban de acarrear leña y había otros que ni así, que en tiempos de secas y aguas trabajaban. (ver minas).

Riquezas del Ejido de Tecolotla

Tiene azogue o sinabrio, tierra negra y de cantera, tiene piedra azul, pedernal, y piedra de cantera blanca, tiene 7 manantiales de agua y entre ellos hay agua salada, dentro de la cuadrilla hay 5 pozos de los cuales la gente se sirve de agua, no hay agua potable. La unión de ejidatarios le dio parcela escolar tipo cooperativa a la escuela primaria, no se sabe del año que la donaron; Años después los jóvenes hicieron la cancha de futbol y también fueron construidas las aulas de la telesecundaria, el jardín de niños y el corral de toros, todo fue hecho en lo que fue la parcela escolar.

Lugares, construcciones, huellas y recuerdos

Existen 2 cuevas, la Cueva del diablo y la Cueva del agua salada. El cerro más alto y grande se llama el cerro grande y se encuentra en el punto de San Marino, no se sabe de su altitud y solo la mitad es de Tecolotla la otra mitad es de Tlapala. El Kinder se llama *28 de febrero* y la pre-enseñanza empezó en 1988 o 1990 no hay fecha exacta. La telesecundaria se llama Rubén Figueroa Figueroa, primero se impartió enseñanza antes de su construcción en la escuela primaria entre 1988 – 1996, tampoco se sabe qué nivel de gobierno la construyó. La escuela primaria se llama Ignacio Zaragoza, no se sabe del año de su construcción, tampoco se sabe en qué año empezó la enseñanza básica. Mujeres y hombres fueron a estudiar a Tlapala el sexto grado de primaria porque en Tecolotla no había en 1963. Tecolotla construyó su panteón en 2001 y la primera persona que se enterró fue el Sr. Mauricio Vázquez mismo que donó el terreno al pueblo para hacer el propio panteón. En 2012 el pueblo decide embardarlo, tampoco se sabe quién dio el material. Anteriormente se enterraban en Huitzuco.

Tecolotla tiene edificio para la comisaria municipal y comisaria ejidal, se desconoce el año de las construcciones y quien donó el material; Tienen cancha de futbol no se sabe del año de su construcción. Tecolotla no tiene bordos para retener agua como la mayoría de los pueblos, me comentaron que es por desacuerdos de los propios ciudadanos, tampoco tienen clínica del pueblo, van al Seguro, a Huitzuco, a curarse. No tienen un archivo interno que guarde toda clase de trabajos, obras, acuerdos, todo referente a lo pasado y presente, no saben en qué año se midió el ejido y las parcelas por el INEGI. La mayor epidemia que ha afectado a Tecolotla fue la encefalitis equina en 1973, es lo único que recuerdan. Existió un taller de costura en 1971 y la diseñadora o maestra fue Maura Gavarín Carreón, enseñaba a bordar, tejer y hacer vestidos y toda clase de costura. No se sabe desde cuando ha tenido cárcel Tecolotla se dice que siempre ha existido en el mismo lugar, en la esquina de la escuela vieja. Existió un grupo de música de viento, no tuvo nombre y sus integrantes fueron: Mario Taboada, Isidro Carranza, Alfonso Miranda, Francisco Miranda; este fue el maestro de música, Bartolo Segura, y otros no recordados, todos ya fallecidos, se cree que se formó entre 1957 a 1959. El primer corral de toros estuvo en la parcela de Manuel Vázquez en 1962 aproximadamente, el Sr. Eleodoro Vázquez dice que el Sr. Francisco Benítez sembró algodón en 1968 y no se recuerda como lo vendió ni a quién ni cuánto le pagaron. No existe ninguna caseta telefónica en este año 2017. Tecolotla celebra su fiesta religiosa cada 12 de enero desde 1962, hacían 4 días de toros invitando a pueblos vecinos y ahora hacen hasta 8 días, pero han dejado de hacerla porque hay inconformidad, dicen que se agarran el dinero y que el pueblo coopera y que no es justo eso que hacen.

En 1978 dejaron de venir las brigadas contra el paludismo puestas por el gobierno federal. Dicen que no hay avecindados y que solo viven nativos, que ya murieron los no nativos. Los mayores partidos políticos que milita la gente con fuerza son PRI y PRD y las reuniones políticas son estables y sin peleas. A Tecolotla nunca la ha visitado ningún personaje de alta resonancia, solo la han visitado candidatos a la presidencia municipal de Huitzuco; comentan que cuando ya son presidentes se olvidan y que solo van cuando los invitan a comer. El primer maestro nativo que ha salido del pueblo fue el Sr. Laureano Figueroa en 1972 aproximadamente. El primer maestro que mandó la secretaria de educación pública a impartir enseñanza fue en 1948 y se llamó Teodomiro, no se recuerda el apellido; la primera casa de teja la construyó (y fue dueño) el Sr. Marciano Benítez no se recuerda el año. Nicolás Téllez fue el primero en construir y ser dueño de la primera casa de azotea en Tecolotla no se sabe el año. La primera televisión la obtuvo Lorenzo Miranda en 1978. En Tecolotla se escuchó por primera vez radio en 1966 lo adquirió la Sra. Bárbara Carbadillo. El primer Molino para moler nixtamal lo compró el Sr. Santos Vázquez en 1977. El primer carro que entro a Tecolotla fue del Sr. Urbano Castrejón nose sabe del año. El primer nativo que compró el primer carro fue el Sr. Lorenzo Miranda en 1980. En Tecolotla existió el primer tocadisco de cuerda en 1969 y dicho tocadisco era de la escuela primaria Ignacio Zaragoza, todo el pueblo en general cooperó para adquirirlo, pero fallaba mucho y de tanto fallar el afamado y jefe de montadores de toros Mario Bahena "el chato" le pegó un balazo una noche de baile porque estaba fallando y ahí terminó el primer tocadisco. Las primeras bestias mulares las obtuvo el Sr. Persiliano Bahena en 1968. La red de luz eléctrica se instaló en 1975. En 1998 llegó el programa federal "Progresa" y después "Oportunidades" ambos ya desaparecidos. En 1970 hubo una Sociedad que formaron puras mujeres para hacer una granja de pollos y las miembros fueron Julia Figueroa, Silveria Arellano, Elvia N y otras más que no se recuerdan. No se sabe quién fue el primer ciudadano que haya sembrado cacahuate, solo se dice que fue entre 1960 y 1963. Nadie sabe quién de Tecolotla se quemó en la quemazón del Palenque en Tlapala en 1942. (ver Tlapala). Hubo personas en Tecolotla que sufrieron por el Mal del Pinto, hubo Pinto Azul, Rojo y Blanco, se le conocía como Jericua española y en 1966 aún no se encontraban métodos para combatirlo y fue años atrás, en 1941 que la secretaria de salubridad y asistencia pública empezaron a combatir al zancudo transmisor , el pinto salía en la cara, el cuello, las manos y los pies lugares donde picaba el zancudo, los que sufrieron por este mal fueron Manuel Vázquez, Nicolasa Ocampo, Rebeca Vázquez, Alejandro Vázquez y otros más que no se recuerdan. No existen reglas y ni siguen el reglamento de bando del buen gobierno que tanto pregona el ayuntamiento municipal de Huitzuco, en Tecolotla para hacer sus asambleas o reuniones. Dicen que el banco rural vino en 1959, no se sabe quiénes eran los miembros que recibían los préstamos de dicho banco, ya todos murieron. Desde el año 2000 se dejó de sembrar con bueyes y el ultimo agricultor que dejó de hacerlo fue Jesús Arellano. Me dicen que en Tecolotla ya desaparecieron todas las Viejas costumbres, ejemplo, dar serenatas a las novias por las noches, ir a casarse por lo civil a Huitzuco a caballo en parejas. Tecolotla tuvo una palomilla(grupo de montadores) que montaba y capoteaba toros y le dio renombre a nivel estatal , la palomilla se formó a fines de 1963 y la formaban como jefe Mario Bahena, Cándido Catalán (la vara prieta), Leonardo Vázquez, Santos Salinas (patitas), Gregorio Bahena(La Perra Blanca), Salomón Salinas, Eleodoro Vázquez (La Tiña) y otros más, todos tenían su apodo, en la actualidad uno que otro vive; acudieron a las plazas más famosas de aquellos años, los anunciaban por radio, cada 8 días se presentaban en la famosa Plaza del Callejón del Indio Triste en la ciudad de Iguala, se presentaban en muchas plazas de toros del estado de Morelos, Tepecoacuilco, Huitzuco, Mayanalan, Quetzalapa, y toda nuestra región. En 1969 cae por primera vez el afamado El chato, Bahena en la plaza de Mayanalan, Guerrero; cuando montó al toro el El Patas de Hule.

Registros y Padrones de Tecolotla

La formación de Tecolotla como cuadrilla es mayor que la de Texahualco, hay un empadronamiento de Tecolotla que es el único encontrado con antigüedad que data de 1893, en este año eran solo 40 habitantes entre hombres y mujeres y solo había 5 matrimonios, 6 viudas y el que empadronó se llamó Jesús Bahena. En 1922 Tecolotla tenía 82 habitantes en general de ambos sexos, 11 matrimonios registrados, 6 viudas, tenía el doble de personas que, en 1893, 10 años después, o sea, en 1932 la población no aumentó, el padrón dice que solo eran 84 habitantes, había solo 15 matrimonios registrados. Tecolotla no aparece en el padrón más completo de 1846, por lo tanto, el árbol genealógico de los habitantes comienza en el año de 1893. En 1931 Esteban Vázquez y Paulino Catalán fueron los empadronadores.

3.1.3 Texahualco

La etimología es Texahualco, Teyahualco. Tetl, Piedra xahlli, arena; Co, lugar. Lugar de Piedra arenosa, es el significado de Texahualco en lengua nahuatl. Se especula que le pusieron así por el cerro texcal que se encuentra arriba del pueblo con grandes piedras arenosas. Los fundadores fueron mestizos con apellidos oficialmente de acuerdo con el padrón de 1893 y fueron Angelina, De la Cruz, Alarcón, Sánchez, Mejía, Cuevas, Marban, Aguirre, Betancourt y Rebolledo, en dicho registro,1893, aparecen en el padrón de Tlapala registrados por que Texahualco aún no tenía categoría como Ranchería, Cadrilla, Villa o pueblo, solo era un paraje rodeado de ricos ganaderos que llegaron a fines de 1875 aproximadamente.

Texahualco es el pueblo más nuevo de la región nombrados en este libro y más nuevo que Tecolotla.

Empadronamientos y censos

En 1887 Texahualco tenía 48 habitantes entre hombres y mujeres. En 1893 había 67 hombres y mujeres registrados. En 1900 había 63 personas registradas. En 1910 había 90 mujeres y hombres en el padrón de ese año. En 1922 se habían registrados 69 habitantes entre mujeres y hombres. En 1931 solo se registraron 91 personas entre mujeres y hombres. En 1937 solo aparecen en el padrón 76 personas registradas. Todos estos datos son del padrón de Tlapala, en 1943 fue el último registro que hizo el gobierno federal que dejó copias en los municipios y Texahualco se registró en Tlapala. De 2010 a 2020 es el último censo que se ha hecho en México y de Texahualco dice que está a 1110 metros sobre el nivel del mar. Tiene 222 habitantes de los cuales 94 son hombres y 128 son mujeres. Tiene 63 hogares, 23 hogares tienen piso de tierra, 26 hogares tienen instalaciones sanitarias, 60 hogares tienen luz eléctrica, 17 hogares tienen una lavadora, 60 hogares tienen una televisión, el número de habitantes subía y bajaba debido a las enfermedades y guerras.

Ejido de Texahualco

Como ya dije antes, Texahualco era un paraje donde había mucha agua y pastos para el ganado, por eso había muchos ricos ganaderos alrededor entre ellos Ponciano Betancourt, José Betancourt, Juana Betancourt, Rodrigo Jiménez y Ladislao Marban (Lau) entre otros. Los primeros habitantes que se asentaron y dragaron para hacer sus casas las hicieron en propiedad privada la que le pertenecía al Sr. Ladislao Marban, dicho hombre llegó a principios de la década de 1880, no se sabe cómo este Sr, se hizo de esa inmensa propiedad. Con el tiempo fue creciendo y es así como se hicieron del asentamiento para hacer sus casas, con el paso de los años el Sr. Lau les cedió parte de su propiedad. El Sr. Ponciano Betancourt también les cedió parte de su propiedad. En 1945 es cuando Texahaulco reconoce como dueño absoluto el terreno de su asentamiento, también se dice que hay una parte del lado sur que era del Sr. Rodrigo Jiménez que también era propietario del lugar llamado Atopula. En 1946 Texahualco solicita escuela con maestro y no le dan porque no tiene sello oficial como cuadrilla reconocida y afines de este año, les dan sello y en 1947 les mandan un maestro. Ya con sello y reconocidos como cuadrilla y pertenecientes al Municipio de Huitzuco, los viejos dialogan y piensan que no tienen ejido, se unen y expropian la gran propiedad de la Sra. Juana Betancourt en 1948. Pasa el tiempo y toman otra vez el acuerdo de expropiar el platanar, lugar que es también propiedad privada, no hay fecha de esa expropiación, la dueña era la Sra. Eladia Chávez de Cacahuananche, Guerrero. Puede decirse que estas personas por lo que hicieron son los padres de Texahualco: Odilón Alcaraz, Santiago Marban, Evodio Navarro, este fue el jefe y político, Audon Alarcón, Efrén Figueroa, Daniel (N), Anselmo (N), Evaristo Benítez, y otros más que no se recuerdan, hay pocos ejidatarios vivientes reconocidos con nombramiento oficial pues ya murió la mayoría y solo quedan los herederos sin ser reconocidos.

Lugares, construcciones y huellas del pasado de Texahualco

Dentro del terreno ejidal hay 4 pozos de agua que sirven de abrevaderos para darles agua a toda clase de animales, un pozo en el lugar del atascadero, otro en el punto de Atopula, y 2 en el platanar, dentro del pueblo hay 8 pozos particulares, uno de la Sra. Ofelia (N), María Navarro, Salomón Marban, Maximino Ocampo, Melitón Benítez, Sansón Marban, Rogerio (N) y Rodolfo Bárcenas cada uno en su casa tienen uno.

Texahualco tuvo un pozo artesano, no se sabe por quién fue hecho todo el proceso de construcción, tampoco se sabe del año que fue hecho, lo resaltante es que los habitantes de Tlapala fueron y ayudaron a la construcción acarreando piedra; se decía que el agua sería compartida, que la red de la tubería llegaría a Tlapala cosa que nunca llego a hacerse realidad, fue un mal acuerdo y desconvenio para Tlapala que trabajó gratis. Es probable que el pozo se haya hecho en 1966 o 1968.

La raza que predomina es Morena, hay blancos y unos cuantos amarillos. El centro deportivo, cultural y social comunitario lo que la gente llama Casino, se hizo a principios de 2013 y fue el Honorable Ayuntamiento Municipal de Huitzuco quien aportó toda la construcción. Texahualco cuenta con edificio para la comisaria ejidal, no se sabe qué nivel de gobierno lo dio. La primera cárcel fue hecha en 1950 dentro del terreno que le pertenece a la escuela primaria Jesús Figueroa. Cuentan con un kínder, no se sabe en qué año fue construido ni cuando empezó a dar servicio, tampoco se sabe quién dio la instalación "Colegio Revolución de Sur" es así como se llama el *Kinder*. La escuela primaria Jesús Figueroa se hizo entre 1948 y 1949, a la misma vez construyeron la barda, pero solo la mitad de lo que es ahora. A cada ciudadano le tocó 2 metros de construcción, tenían que escarbar para la cepa, acarrear piedra, arena, comprar cal y pagar al albañil, en unión y acuerdos trabajaron. Cuando empezó la enseñanza en 1950 solo se enseñó hasta Segundo Grado, a principios de la década de 1960 muchos alumnos de Texahualco iban a Tlapala a terminar la primaria. Actualmente los jóvenes van a estudiar la telesecundaria y el Bachillerato. Texahualco tiene cooperativa escolar, se encuentra en el lugar del platanar. A partir de 1946, 1948, 1949 y 1950 Texahualco se fue alejando, pero sigue dependiendo de Tlapala, van a las mejores tiendas, a las casetas telefónicas, a la clínica popular, a la Compañía nacional de subsistencias populares (Conasupo), sacan bienes naturales y estamos mancomunados como buenos vecinos y siempre respetándonos. La primera iglesia de San Isidro Labrador se hizo en 1938 y era de palma con paredes de vara y lodo, en 1965 la hicieron de adobe con techo de palma, actualmente la han hecho sólida, resistente y moderna. No se sabe desde cuando se festeja a San Isidro Labrador, lo veneran el día 15 de cada mes de mayo, de cada año con cohetes, misa y procesión, hacen 3 o 4 días de toros y por las noches bailes, Es la única fiesta que hacen los habitantes cooperando unos con otro. El primer maestro que dio clases mandado por el gobierno por primera vez fue, Teófilo Salgado de Lagunillas, Guerrero. En 1944.

Existe un pequeño bordo para retener agua y entre 2011 y 2012 fue construido con presupuesto del H. Ayuntamiento Municipal de Huitzuco. La primera casa de adobe la construyó y era dueño el Sr. Evaristo Benítez en 1945, el techo era de palma. No se sabe quiénes fueron las personas que tuvieron las primeras casas de teja, lamina y de azotea. Sansón Marban obtuvo el primer Molino para moler nixtamal, no se sabe el año que lo compró. La primera televisión la compró el Sr. Maximino Ocampo en 1975 y cobraba 10 centavos por verla. El primer tocadisco que hubo en Texahualco era del Sr. Evodio Navarro, no se sabe el año que lo compró. El Sr. Salvador González tuvo el primer radio, se desconoce el año. Texahualco al igual que toda la región sufrió todos los efectos de todas las pandemias que azotaron a todo el país como: la fiebre aftosa, la viruela, la encefalitis equina, el mal del pinto y la epidemia de la fiebre amarilla o española. Alberto Flores era un comerciante que vivía en Huitzuco y este fue el primero en sembrar cacahuate en Texahualco, se desconoce el año.

Historia de Texahualco

Texahualco tuvo hombres que plasmaron sus huellas en las armas, en conflictos del pasado, hombres valientes que lucharon por sus ideales o por que los arrastraban a tomar las armas, nadie sabe quién peleo al lado de los conservadores o liberales en 1857 o a favor de Madero, pero sí hubo hombres que pelearon y siguieron a Victorino Bárcenas, como el Famoso lugarteniente Amador Góngora, también hubo otros que en 1940 "se fueron a la bola" como se decía antes, apoyando al general y candidato a la presidencia del país Andrew Almazán cuando este contendía por la candidatura contra Manuel Ávila Camacho. Estos ciudadanos de Texahualco con otros de Tlapala se fueron a la reunión para pelear en las faldas del Cerro del Pozo Zarco en las afueras de la cuadrilla de Tecoacuilco, Guerrero. De todos estos hombres nadie vive, hubo hombres zapatistas como Odilón Alcaraz, Miguel Figueroa, Francisco Alarcón y otros más, hubo muchos hombres que desde que Tlapala empezó a hacer fiesta de carnaval iban hombres y jóvenes acompañando a los de Tlapala en el juego de ser ladrones, se recuerda a Antonio Cuevas y a Heron Ríos en ser los primeros en sacar y hacer el juego de carnaval. Texahualco es el pueblo más unido de nuestra región, hasta la médula; en las asambleas se toman acuerdos verbales y se cumplen obedeciendo todos los ciudadanos en beneficio del pueblo, ejemplo; El ciudadano que no vaya a una asamblea lo multan y debe explicar por qué faltó, es un pueblo bueno y activo.

3.1.4 Xilocintla

La etimología de Xilocintla es: Xiolotantla, Xilocintla, Xiolotantli, Jilotito(el lugar)

La traducción del Nahuatl al español es: Lugar dende se da el Jilote.

Fundación de Xilocintla

Xilocintla fue fundada por naturales y su fundación fue entre 1690 a 1695. Después vino el mestizaje en 1720, o sea, que ya en ese año empezaron a llegar los españoles ávidos de riquezas, esclavizando y violando a las naturales, Xilocintla no escapó al ultraje español. Los naturales vivían como en un Paraíso por la gran abundancia de agua y el hermoso paisaje que había, pero al llegar los españoles se fueron más al sur. Ya para 1800 el mestizaje había florecido y en 1810 con el grito de la independencia la población estaba compuesta en un 67 por ciento de naturales y el 43 por ciento eran mestizos; en los años siguientes la cantidad de nativos fue decayendo debido a la discriminación, de La Peste. De todo era culpable el natural, del rezago, y toda calamidad recaía en él. En el padrón de 1846 Xilocintla contaba con 242 habitantes y 22 apellidos amestizados en diferentes familias. Xilocintla no tuvo aldeas, villas o parajes, hasta después de 1875 que sale Cococingo como paraje, pero no le pertenecía a Xilocintla, tampoco Coyantlan le pertenecía, sino que fue hasta 1898 que Coyantlan pasa a formar parte de Xilocintla. Coyantlan fue registrado como Rancho en el padrón de 1846. (Ver en Coyantlan). Después que se formó el Estado de Guerrero en 1849, Xilocintla estaba registrada al municipio de Huitzuco. En 1857 Xilocintla decide salirse de Huitzuco y pasarse al municipio de Tepecoacuilco, Guerrero. Solo 7 años y medio estuvo en Huitzuco. En 1933 Xilocintla vuelve a Huitzuco dando un total de 76 años que estuvo afuera de Huitzuco. Expongo que los apellidos amestizados encontrados en el padrón de 1846 son los padres genealógicos de la fundación del mestizaje en Xilocintla los cuales expondré en otro libro.

Padrones y censos de Xilocintla

En 1846 había 242 habitantes entre mestizos y naturales. En 1849, 202. En 1852, 272. En 1937, 403. Entre 2010 y 2020 fue hecho el último censo y en Xilocintla fueron registradas 794 personas de las cuales

365 son hombres y 429 mujeres. Xilocintla está a 1012 metros de altitud sobre el nivel del mar. El 11.08 por ciento de la población es analfabeta. El 0.12 por ciento de la población y el 13 por ciento de los habitantes habla una lengua indígena y no habla español. Hay 312 viviendas. El 69.04 por ciento tiene radio, el 83.68 por ciento tiene televisión, el 82.43 por ciento tiene refrigerador, el 33.89 por ciento tiene lavadora, el 24.27 por ciento tiene automóvil, el 0,84 por ciento tiene una computadora, el 0.84 por ciento tiene teléfono fijo, el 0.84 por ciento tiene teléfono celular, nadie tiene internet. Xilocintla tiene el ranking # 11 en población dentro de los 22 pueblos que pertenecen al municipio de Huitzuco. Xilocintla tiene más habitantes que Lagunillas, Tlapala y Escuchapa, solo menos que Cacahuananche que tiene 931 habitantes.

Ejido de Xilocintla

No hay una fecha que muestre desde cuando posee ejido oficialmente Xilocintla, lo que se sabe es que no aprovechó cuando Tepecoacuilco hizo una ratificación de tierras en 1897 para el control de sus comunidades; Tepecoacuilco lo hizo porque quería agarrarse todo lo que es el ejido de Cacahunanche (ver en Cacahuananche). El ejido de Xilocintla, me comentaron, que es poco y tiene solo el 35 % que es cultivable, lo demás son faldas y cerros, se dice que serían 800 hectáreas cultivables, tiene un cerro alto que mide un kilómetro y medio aproximadamente. Llamado "El Cerro del Palmar" y es compartido con otros pueblos. El ejido colinda con Cacahuananche, Rincón Chiquito y Mayanalan. No existe la propiedad privada en tierras, o sea, no hay propietarios. No se sabe cuántos km mide el ejido, el cual cuenta con minerales que no son explotados como el mármol que se encuentra en el punto de la Rosita. Hay variedad de colores de tierra como: negra, amarilla, blanca y roja; hay piedras de diferentes colores: azul, cantera, pedernal, roja y rojiza. Hay agua salada y dulce y tiene ahuajes en el lugar del punto del "Lodo Prieto" y "Palo Dulce", dentro de Xilocintla hay más de 43 pozos de agua que dan servicio a los hogares de los dueños. Existe una Cueva profunda en el punto "La Tamalayota" rumbo a Coyantlan. El ciudadano común no sabe cuántos km mide el casco de asentamiento de vivienda de Xilocintla. En 1996 el INEGI midió los ejidos y a todos los ciudadanos que tenían una parcela se les extendió un título tipo propiedad; Tampoco saben en qué año recibieron los primeros beneficios del Programa Federal de Procampo y ni saben cuántos miembros son. No se sabe si existieron vestigios o asentamientos aztecas o prehispánicos ya que los náhuatls solo iban de paso.

Historia y Desarrollo Social de Xilocintla

Xilocintla no vio su desarrollo económico después de la independencia ni en la revolución después del porfiriato de 1910, tampoco en la bonanza del cinabrio o azogue con la llegada del gambusino mayor Jacobo Haydar en la década de 1940 con la explotación de las minas de la Guadalupe y San Agustín sacando la tierra del azogue de las entrañas de la tierra o vendiendo leña como lo hacían otros pueblos, tal vez por la distancia no se beneficiaron. En 1942 comenzaron las contrataciones de braceros a los Estados Unidos, y me comentaron que Xilocintla no participó en la medida como lo hicieron sus vecinos, Cacahuananche, Lagunillas, Tecolotla y Tlapala. Fue hasta mediados de la década de 1970 con la ida a los Estados Unidos y con la llega de la luz eléctrica a nuestra región que Xilocintla empezó a desarrollarse económicamente y salió de todo el rezago que pasó por muchos años. Xilocintla es un pueblo social y unido después de Texahualco y de todos los pueblos nombrados en este libro. Predomina la raza mestiza nativos de este lugar, también hay avecindados que han encontrado paz y tranquilidad, aunque no se sabe cuántos son, al igual que otros pueblos no existe un archivo y censo interno que defina en toda su vida. Xilocintla acogió a habitantes de la desaparecida Hacienda de Almolonga después de 1865, (ver en Hacienda de Almolonga). Hubo hombres de Xilocintla que se fueron a la bola con el Gral. Andrew Almazán apoyándolo como candidato a la presidencia del país, pero el gobierno apoyó a Manuel Ávila Camacho y es ahí cuando se desestabiliza la sociedad civil en todo México, no se sabe cuántos hombres se fueron ni quiénes fueron en seguimiento de Almazán a la reunión a las afueras de Tecoacuilco que era el punto de reunión. La plebe estaba con Almazán menos el gobierno y como éste era Gral. el gobierno lo amenazó con investigar su fortuna si no desistía de alborotar a las masas populares; Almazán fue doblegado y dejó el paso libre a Ávila Camacho. Los alborotados de Almazán que esperaban tomar acción también fueron doblegados, era una gran multitud de todas las regiones y como a las 3.00 p.m. pasó una avioneta tirando panfletos que decían que Almazán se había retirado como contendiente a la presidencia del país. Fue en 1940 la última revuelta a nivel nacional en la que el país se vio envuelto hasta el día de hoy y nunca más será. Xilocintla tuvo hombres que fueron Zapatistas y fueron: Rafael Ortiz, Lorenzo Uriza, Manuel Salgado, Jesús Muñoz que tuvo grado en las armas y mando, pero se desconoce que rango oficial desempeñó, Joaquín Zavaleta, Pedro Ávila, Chano Rebolledo, Melitón Ortiz y otros olvidados. No encontré huella de ningún ciudadano que haya tomado las armas en la revolución del sur hecha por los hermanos Figueroa el 28 de febrero de 1910, o de algún Plateado de la época de 1880, o de algún Cristero entre 1926 a 1929 que haya engrosado en las filas del Gral. de Tlapala Victorino Barcanas o del coronel de Cacahuananche Ignacio Victoria.

Construcciones, Huellas y Recuerdos de Xilocintla

La pre-enseñanza escolar empezó en 1997 aproximadamente Es lo que me informaron, y el *Kinder* se llama Francisco Javier Clavijero; Este fue un religioso nacido el 9 de septiembre 1731 en el Puerto de Veracruz, hijo de padres españoles, fue un ferviente Jesuita de la época que murió en Bolonia, Italia; falleció el 2 de abril de 1778. Fue un Jesuita filósofo e historiador. Del *Kinder* no se sabe en qué año fue construido y ni quien dio el material para dicha obra.

La Escuela Primaria

La primera escuela que hubo estaba al lado de la Iglesia y era de palma; de la fecha no se sabe. La escuela primaria actual se llama "Emiliano Zapata" no se sabe cuándo tomó el nombre del caudillo de Morelos. Tampoco se sabe del año que pasó a organización completa, o sea, a primaria; nunca ha tenido parcela escolar tipo cooperativa porque el pueblo y la unión de ejidatarios se han negado a darle. La barda se hizo, según me comentaron mis entrevistados, en 1958. En 1944 el gobierno mandó a la maestra Victoria Navarrete originaria de Tepecoacuilco, Guerrero a enseñar el silabario.

La Telesecundaria

Se llama "Emiliano Zapata" la telesecundaria, no se sabe el año en que empezó a enseñar, tampoco se sabe cuándo se construyó ni quien aporto toda la construcción.

Centro cultural, social y deportivo de Xilocintla

Las personas de nuestros pueblos les llaman casinos a las medias construcciones que el H. Ayuntamiento les hace con un presupuesto muy bajo y solo sirven para jugar basquetbol, reuniones, asambleas, ejercicios, convivios, quinceañeras y bailes; no se sabe en qué año fue construido el centro cultural social Deportivo de Xilocintla.

Se festejan dos fiestas cada año en Xilocintla, la primera es el 12 de diciembre en honor a la virgen de Guadalupe y hacen misa por la mañana, juegan basquetbol invitando a los pueblos vecinos, por la noche procesión y quema de Castillo y más juegos pirotécnicos, hacen de 4 y 8 días jaripeos de toros y por las noches bailes. La otra fiesta la hacen el día de la consumación de la independencia cada 27 de septiembre de cada año y hacen jaripeos de toros y baile, el mero día 27 hacen desfile donde participan las escuelas y el alumnado, no existe fecha que muestre desde cuando realizan ambas fiestas, solo se sabe que la primera iglesia estuvo en el lugar del que ahora es el propietario el Sr. Modesto Ramírez dueño actual de dicho lugar, y la barda se hizo en 1959. Xilocintla tiene panteón, lo que no se sabe desde cuando lo construyeron y ni cuando lo embardaron, anteriormente se enterraban en Mayanalan.

La primera cárcel fue construida en 1929 y estuvo en el lugar donde se encuentra actualmente la cancha de basquetbol, hoy en día se encuentra en el edificio de la Comisaria Municipal, la cancha de futbol se hizo en 1999, no supieron explicarme como los deportistas obtuvieron el terreno o quién lo donó. El primer corral de toros se hizo en el lugar donde se encuentra el *Kinder* hoy en día y no se sabe en qué año estuvo ahí, con los años venideros lo hicieron en donde se encuentra hoy. Existen tres bordos para retener agua, el primero lo construyó y dio el material la presidencia municipal de Huitzuco siendo presidente Toribio Casarrubias, de los otros dos bordos no se sabe quién los donó. Hay dos partidos políticos con fuerza en Xilocintla el PRI y PRD. Me comentaron que en años anteriores Xilocintla tuvo defensa social, lo que no se sabe en qué año existió; se dice que fue en los años treinta; tampoco se sabe quiénes la formaban. Todos los pueblos y cuadrillas eran obligados hacerle el trabajo gratis al gobierno al imponerles esa responsabilidad contra los alzados. En 1965 vinieron por primera vez las brigadas de rociadores contra el paludismo puestas por el gobierno federal. En 1940 pegó la viruela y los estragos fueron desastrosos y los que sufrieron y quedaron marcados por esa terrible enfermedad fueron Faustino Cruz, la Sra. Engracia Muñoz, Faustino Ávila, Victorino Ávila y otros ya fallecidos. El banco rural ya desaparecido en 1994 vino a Xilocintla en 1959 y de los miembros no se sabe quiénes fueron ni cuantos fueron. Xilocintla hace carnaval desde 1945 y el modo de hacerlo ha variado con el paso de los años. Hubo personas que sufrieron del mal de pinto en Xilocintla, no existe nadie vivo en lo presente, había un pinto que sus efectos eran que se resecaba la piel y a los pocos días la piel de tan reseca te volaba como si fuera tamo del maíz y te escocia la piel, te rascabas o te sobabas y te gustaba. El gobierno en 1960 la empezó a erradicar; el más difícil fue el pinto azul, fue una enfermedad que la trajeron los españoles, se dice que salía por faltas de higiene. Mis entrevistados nunca recordaron quien en Xilocintla sufrió los efectos de la pandemia de la fiebre amarilla o española surgida en 1918, mucha gente murió en México y en el mundo. La Danza del Reto se perdió y no se recuerda el año, tampoco del año que empezaron a practicarla, anteriormente la sacaban y su presidente era José Ortiz. Onésimo Estrada, Camilo Astudillo, Miguel Estrada y otros más ya olvidados. Existió una palomilla que montaba y capoteaba toros en 1960 aproximadamente. Lo hacían por gusto, sin cobrar nada y estos fueron Ernesto Muñoz, Luciano Salgado, Camilo Astudillo, Genaro Astudillo, Andrés Castrejón y otros más. La mayoría ya no existe y fueron el orgullo de Xilocintla en aquellos años idos. Han salido ciudadanos profesionales como el Ing. Hugo Loaeza, el Dr. Miguel Zavaleta, el Sr. Jesús Muñoz con academia militar, aunque no se sabe el grado del rango militar que ocupó; además algunos maestros. En 1984 aproximadamente se formó un conjunto musical ya desaparecido que tampoco se sabe de su nombre ni de su desintegración, lo formaban Juan Astudillo, Rafael Castro, Pedro Peralta y otros más no recordados, en el año 2015 surge una banda de música, no me dieron más detalles.

Me comentaron que nadie murió por los efectos de la encefalitis equina en 1973, los fuertes ataques de la misma fueron en 1974. No hay biblioteca comunitaria en Xilocintla para que el pueblo se ilustre y conozca como en Quetzalapa que tienen una. Entre 1958 y 1960 entró un carro por primera vez, el carro era de redilas grande y el dueño era el Sr. Alberto Flores Monrroy de Huitzuco, era un comerciante comprador de semillas de toda la región. El ultimo agricultor que sembró con bueyes fue el Sr. Genaro Astudillo en 1990 aproximadamente. El Sr. Rafael Ortiz fue el primer agricultor en sembrar cacahuate en 1960 aproximadamente. La primera caseta telefónica se instaló en 2004 aproximadamente. Sí hubo ciudadanos de Xilocintla que vieron la gran quemazón del Palenque en Tlapala en 1942. Me comentaron que nadie se quemó, porque muchos pueblos de nuestra región acudían a ver jugar gallos. Xilocintla no tiene reglas, condiciones o protocolos y reglamentos por ley o por el bando del buen gobierno, que tanto pregona el H. Ayuntamiento Municipal de Huitzuco. Hacen sus reuniones de asambleas o juntas al igual que todos los pueblos de toda nuestra región, sin orden del día o lista. Existieron personas en Xilocintla que vieron al famoso capotero de Tlapala poner las banderillas con la boca en la década de 1930. Este se llamó Guadalupe Ruiz Castañeda, era invitado a las grandes plazas de toros de Guerrero y Morelos y en nuestros pueblos en especial. (ver en Tlapala). Medardo Blanco nativo de Xilocintla enseñó a leer y a escribir a las personas que querían aprender, lo hizo sin cobrar nada, eso sucedió antes que la enseñanza impuesta por el gobierno llegara, o sea, antes que la maestra Victoria Navarrete llegara. Las primeras bestias mulares las obtuvo el Sr. Jesús Loaeza, se desconoce la fecha. El primer tocadisco de cuerda lo tuvo el Sr. Atalo Salgado en 1965, toda la gente estaba contenta por escuchar música, era una gran novedad en esos tiempos. Rafael Valles fue la primera persona que tuvo el primer radio de transistores en 1969. Emilio Astudillo fue el primer dueño en tener la primera casa de adobe y también dicho Sr. tuvo la primera casa de azotea, se desconocen las fechas de ambas construcciones. El primer Molino para moler nixtamal lo tuvo el matrimonio formado por Jesús Loaeza y la Sra. Regina Astudillo Castrejón, se desconoce del año que lo adquirieron. El Sr. Jesús Loaeza tuvo el primer carro, no se conoce el año que lo adquirió. El primer tractor para arar la tierra fue adquirido por el Sr. Jaime

Rebolledo, Marcelo Rebolledo y Golgore Zabaleta, se dice que tal vez fueron socios, se desconoce del año de la compra.

En resumen, Xilocintla es uno más de nuestros pueblos carentes de los servicios básicos, no tiene agua potable, no tiene drenaje, no tiene una biblioteca, no existe un registro de datos de hechos pasados y presente o algún archivo comunitario del propio pueblo. No se sabe quién obtuvo la primera televisión en 1975. No se recuerda en que año dejaron de ir las personas a Huitzuco en lomo de bestias, tampoco se sabe quién de Xilocintla peleó al lado de Encarnación Díaz (Chon) originario de Mayanalan, Guerrero, o de Ignacio Victoria de Cacahuananche, o de Victorino Bárcenas de Tlapala. Tampoco se sabe si hubo rondas o levas hechas por un loco militar del gobierno de aquellos años inestables. No se sabe y conoce cuál es la más vieja costumbre que aún existe.

3.1.5 Cacahunanche

La etimología de Cacahunanche derivado del nahuatl al español quiere decir: Cacahunanche (Cacahuanantli) tomado del árbol oleoso con Corteza aceitosa; Árboles de los cuales Cacahuananche tenía varios en años idos.

Fundación de Cacahuananche

Igual que otros pueblos Cacahuananche fue fundado primero por los náhuatls se desconoce la fecha. El mestizaje surge a partir de 1790, existen datos variables y viejos escritos que nos sorprenderán en el transcurso de la narración de este pueblo. Cacahuananche tiene dos etapas fundamentales que muestran su existencia olvidada con datos verídicos. Hay un pedazo de papel de un empadronamiento de 1826 que dice que había 17 habitantes en general, no se sabe si eran mestizos o naturales. Ya hacía 2 años que se había elegido a Guadalupe Victoria como presidente de México y 5 años de haberse consumado la independencia. En el padrón de 1846 pusieron a Cacahuananche con categoría de cuadrilla y era apenas una ranchería compuesta por lomas, faldas y cerros libres y vírgenes. Se sembraba y se vivía en el mismo lugar, las casas estaban regadas, apartadas y en diferentes lugares, unas en la poza verde, en los amoles, los lavaderos, el platanar y en lo que ahora está fundado el pueblo. En dicho padrón solo había 6 matrimonios, 25 habitantes, 12 hombres y 13 mujeres, un viudo llamado Pedro López y el más viejo tenía 60 años llamado Alejandro Guadarrama; había 4 matrimonios non, o sea, él o ella natural o mestizo, 21 mestizos había entre hombres y mujeres, 17 personas tenían menos de 30 años; Hasta aquí se sabe, no hay más documentos encontrados de la existencia de Cacahuananche. Entre 1887 y 1893 los habitantes se empadronaron en el padrón de Tlapala, no se sabe por qué; se dice que Cacahuananche había dejado de ser cuadrilla antes de esos padrones mencionados. Llega el año de 1898 y los habitantes de Cacahuananche tienen problemas y son forzados a unirse y ser posesionarios de sus propias tierras, faldas y cerros y es así como surge la fundación legal con representación en el municipio de Huitzuco. Cacahuananche sufría fuerte acoso de parte del municipio de Tepecoacuilco, Guerrero, porque quería engullir todo el terreno de lo que es de Cacahuananche actualmente. En ese año 1898 Tepecoacuilco ratificaba las líneas de todos los terrenos de los pueblos y cuadrillas que pertenecían a Tepecoacuilco como municipio. Cacahuananche estaba sin representación oficial como cuadrilla y desunidos, pero alguien los aconsejó y deciden unirse al municipio de Huitzuco y todos cambian sus casas al lugar donde ahora está el pueblo en lo actual. Le hacen frente a Tepecoacuilco por la vía legal y le ganan; hago mención que en ese año desaparece Tlilapa que era el lugar más grande en población y se fueron a vivir a Cacahuananche y a todas las casas que había de los otros lugares. Mas adelante narraré de Tlilapa por qué está reconocida oficialmente.

Hago mención de las personas que lucharon en el conflicto poniéndose al frente de todo y que fueron los fundadores de la segunda etapa de Cacahuananche de lo que es ahora. Cirilo Montañez, Jesús y Román Montañez que fueron hermanos, Timoteo Castrejón, Francisco Álvarez, Emeterio Pastrana, Pedro Morales, Domingo Gómez, José Betancourt, Irineo Victoria, Valente Diaz, Aurelio López, Manuel flores, José Chávez, Jesús Adán, Mateo Visoso, Blas García, Jesús Zavaleta, José Zavaleta, Macario Angelina, Pascual Rodríguez, Rodrigo Riquelme, Juan Chávez, Francisco Ávila, Ladislao Zavaleta, José Sánchez, Celestino López, Sabas Sánchez y Timoteo Madrid. 29 hombres fueron los Valientes y padres de familia de la fundación de Cacahuananche, hombres curtidos y hechos en el campo se enfrentaron al municipio más fuerte de aquellos años: Xilocintla, Cuapisca y la hacienda de Almolonga, estos dos últimos ya desaparecidos le pertenecían a Tepecuacuilco; Muchas personas con estudio dicen y creen que Cacahuananche se formó por la educación porque pedían escuela y maestros, pero no es así, hay pruebas que muestran lo contrario, ejemplo es que Victorino Bárcenas en 1900 iba a estudiar a Huitzuco porque en Tlapala aún no había escuela y la educación empezó por parte del gobierno entre 1917 y 1919 pero no en todos los pueblos y cuadrillas de nuestra región. De 1912 a 1933 había maestras voluntarias sin cobrar nada a los padres de los niños. Cacahuananche es más nuevo que Xilocintla, Tlapala, Lagunillas, Tecolotla y Nanche Dulce y otros pueblos ya desaparecidos.

Padrones y censos de Cacahuananche

El último censo así lo describió el INEGI. Cacahuananche está a 1120 metros sobre el nivel del mar. La población total es de 948 personas. 446 son hombres y 502 son mujeres. Hay 248 hogares, 244 tienen piso. 70 hogares tienen piso de tierra. 119 hogares tienen instalaciones sanitarias. 233 hogares tienen luz eléctrica. 35 hogares tienen una lavadora. 223 hogares tienen una televisión. Hay 82 personas analfabetas. Este fue en el censo de 2010. En el padrón de 1826 había 17 habitantes, en 1846, 25 habitantes y solo 6 apellidos mestizos, en 1887 se registraron solo 48 habitantes, no todos se empadronaron en Tlapala. En el padrón de 1893 solo 51 habitantes se registraron, solo esos dos años se registraron en Tlapala, en 1900 en el primer registro de su fundación, en su segunda etapa, se empadronaron 167 habitantes entre mujeres y hombres y tenía dos años de haberse fundado y unido Cacahuananche. En 1922 había 340 habitantes, en

1928 había 360 ciudadanos, en 1931 se habían empadronado 349 habitantes, en 1932 había 324 ciudadanos, en 1937 eran 424 personas en general entre hombres y mujeres chicos y grandes. Aclaro que no todos los hombres se registraban en los padrones por miedo de ir a la Guerra, también la población bajaba debido a las enfermedades que existían. En la actualidad Cacahuananche es el pueblo con más crecimiento demográfico en la región y mejor estructurado públicamente; en los años 90 tuvo sus altibajos políticamente y socialmente al grado de llegar a la confrontación entre ellos mismos, ahora es estable y figura en el noveno lugar en demografía dentro de los 22 pueblos que forman el municipio de Huitzuco. Se dice que todo se debe a su conciudadano José Luis Ávila López actual presidente municipal de Huitzuco que los ha reunido social y políticamente.

Los grandes hijos de Cacahuananche

Solo dos ciudadanos han sobresalido en Cacahuananche: el coronel Ignacio Victoria Zavaleta y el Contador y político José Luis Ávila López, ambos han puesto en relieve el nombre de Cacahuananche en las cúspides de las victorias cada uno en épocas diferentes. Muestro de cada uno su biografía.

Biografía de Ignacio Victoria

Nombre completo: Ignacio Victoria Zavaleta.
Padres: Irineo Victoria y Antonia Zavaleta:
Lugar de nacimiento: Cacahuananche, Guerrero.
Hermanos por línea: Juan, Ignacio, Isaías, Maximina,
Merenciana, Bernabé y Darío.

Fallecimiento: agosto 1 de 1912 en el Puente del Rey
lugar lo que ahora es la presa de Tepecoacuilco,
Guerrero.

Fecha de nacimiento: 1888

Nombramiento de armas: coronel

Milicia o bando: Zapatista

Ignacio Victoria fue un coronel del ejército Zapatista,
Emiliano Zapata le dio el grado de coronel y Ignacio
fue el primer Zapatista que salió del pueblo de
Cacahuananche y de toda nuestra región. Los sucesos
que se dieron en esa época fue que Zapatistas y
Maderistas se unieron para derrocar a Porfirio Diaz. No
se sabe el año en que Ignacio tomó las armas para unirse
al Zapatismo, pero se dice que fue en 1911 un año
después que los Figueroa de Huitzuco se unían a la
causa maderista. Tampoco se sabe del año en que a
Ignacio le fue dado el nombramiento de coronel por

Zapata. Ignacio luchó por las buenas causas de la época, fue respetado por otros jerarcas de armas como Pablo Barrera (El Chato), de Tepecoacuilco, Encarnación Díaz (Chon), de Mayanalan. Ignacio fue el primer jefe de armas de Victorino Bárcenas el cual lo moldeó, y Chon Díaz lo pulió, Ignacio coronel y Chon general, ambos fueron jefes de Bárcenas. Ignacio es perseguido por una milicia del generalete Genaro Antonio Olea en las afueras de Tepecoacuilco, lo alcanzan y lo ejecutan sin formarle un juicio, nunca más se supo de él y hasta hoy en día no se sabe del lugar de su tumba, Cacahuananche lo ha olvidado, porque ninguna calle lleva su nombre en su memoria.

Biografía de José Luis Ávila López

Nombre completo: José Luis Ávila López

Lugar de nacimiento: Cacahuananche, Guerrero.

Fecha de nacimiento: 6 de mayo de 1964.

Padres; Luis Ávila Marban y Ascensión López.

Estado civil: Casado con Flor Sánchez Gaytán.

Profesión: Contador.

Religión: católico

Ideología política: Priista (PRI)

Ávila nacido y creció en Cacahuananche, estudió en la escuela primaria de su pueblo, ha sido sociable, pacifico, comerciante y un político de carrera, ha sido tres veces presidente municipal de Huitzuco de 2002 a 2005, de 2015 a 2018 y de 2018 a......aún no termina el periodo; en 2018 fue reelecto por voto popular y solo dos presidentes han tenido tres periodos en Huitzuco desde que fue fundado. Ávila y Juvenal Abundes Brito que tuvo tres periodos de 1949,1950 y 1960 salvo que Jesús Figueroa ocupo 4 veces la presidencia. Ávila ha tenido su mayor logro al ser iniciador de la pavimentación de la Carretera Huitzuco-Cacahuananche en el año 2003.

Lugares, construcciones y huellas del pasado

Después de haberse formado Cacahuananche, tuvo paz y tranquilidad, no se sabe del año que se midió su ejido, solo se sabe que Pablo Montañez dijo que en 1922 el ejido fue medido y repartido a todos los ciudadanos del pueblo. Mis entrevistados me comentaron que el ejido colinda con Lagunillas y Rincón Chiquito, con propiedades de los Ávila y al norte de Cacahuanache con distintas propiedades. Me dijeron que hay 60 ejidatarios reconocidos oficialmente y hay herederos no reconocidos, hijos de ejidatarios que ya fallecieron. Juan Chávez fue el primer propietario de Cacahuananche y del Platanar, lugar que expropió Texahualco, el Sr. Juan nació en 1853, en 1900 tenía 47 años consta en el padrón de ese año (1900); Dicho Sr. fue esposo de Margarita Deloya y sus hijos fueron Narciso, Beatriz Eladia la cual fue la que representó la propiedad del Platanar, pero perdió ante Texahualco; Petra y Herlinda todos hijos del matrimonio mencionado.

Cosas encontradas en el pueblo y ejido de Cacahuananche

Existen diferentes tipos de piedras en el ejido como: piedra azul, piedra de cantera, texal y piedra amarilla. Hay 6 pozos de agua públicos dentro del pueblo, sin contar los ojos de agua, ahuajes y abrevaderos que están fuera del pueblo que son muchos. En 1990 se hizo un bordo para retener agua, la ayuda económica y el material lo dio el H. Ayuntamiento de Huitzuco; Mario García y Salvador Bustos fueron nombrados en asamblea popular para formar el comité y llevar a cabo dicha obra. En 1966 Cacahuananche, junto con el gobierno federal, siendo presidente del país Gustavo Díaz Ordaz, construyeron un pozo artesano para darle servicio de agua al pueblo. Se formó un comité formado por Juan Peralta y Manuel Chávez, no se sabe cuántos años dio servicio ni cómo lo dejo de dar, se dice que el pozo nunca dio buen servicio y que todo fue un desastre, existió una placa que daba fe de la fecha de la construcción y conmemoración, pero con el curso de los años la placa fue vandalizada y destruida y hoy en día existe solo el depósito como recuerdo.

El *Kinder*

No se sabe del año de su construcción y ni en qué año empezó a dar servicio. Este *Kinder* lleva el nombre del italiano Lorenzo Buturini Benaducci, este fue un religioso aventurero, convenenciero y ambicioso de la época. Viajo por diferentes países europeos buscando fortuna y buena vida, hasta que llegó a España ahí conoció a un capitán español el cual le platicó de las buenas cosas que había en el nuevo mundo y fue así como llegó a México; uso los buenos preceptos religiosos ante la gente buena y limpia de ambiciones, vivió bien a costa del pueblo. Lorenzo nació en Sondrio, Italia en 1698 y murió en España en 1755. Reacciono y pienso que es típico de nuestra gente que, en los lugares públicos, a las personas que trabajan para el gobierno les imponen nombres de personas que ni siquiera han escuchado nombrar y no protestan habiendo nombres de nuestra propia gente.

La enseñanza y las escuelas

No existe una fecha de cuando empezó la enseñanza escolar, se cree que fue a principios de 1940. La escuela primaria Miguel Hidalgo siempre ha permanecido en el mismo lugar desde que fue fundado Cacahuananche, la primera escuela se hizo de palma y hay mismo en la misma casa fue hecha la primera cárcel, la casa era grande, con los años venideros hicieron otra escuela de adobe. Silverio López siendo comisario reunió a la gente para hacer la barda de la escuela que también fue de adobe, eso fue en 1942, me lo comentó el Sr Eciquio Estrada y en ese mismo año llegó la maestra Victoria Navarrete mandada por el gobierno para impartir la enseñanza básica, la maestra Victoria fue la que propuso que la escuela tuviera cooperativa escolar por lo que fue aprobada en asamblea; Después de cosechar lo que habían sembrado, Fructuoso Zavaleta y Carlos Zavaleta propusieron que se hiciera un troje grande para guardar el maíz cosechado. No se sabe el año en que la escuela pasó a organización completa por lo que los alumnos de Cacahuananche en 1962 a partir de este año, fueron a estudiar la primaria a Tlapala porque ya había sexto grado, de Cacahuananche fueron Estela Peralta, Cornelio Peralta, Demetrio y Porfirio (N), Mario Montañez, Lauterio Ávila, Rito(N) y otros más olvidados.

La Telesecundaria

La telesecundaria se llama Congreso de la Unión, no se sabe del año de su construcción y ni cuando empezó a dar el servicio de enseñanza.

El primer maestro nativo de Cacahuananche fue Gregorio Estrada López, se desconoce del año que empezó a ejercer la profesión y del año que recibió el título. Empezando el año de 1900, casi recién fundado Cacahuananche empieza a hacer jaripeos de toros en 1923 siendo el tercer pueblo en hacerlo, porque primero fue Huitzuco en 1890 y el Segundo fue Xoyacuautla en 1905 porque ricos ganaderos rancheaban en dicho lugar y hacían Jaripeos. No hay una fecha exacta que muestre el año que se empieza a festejar al santo San José, pero se especula que es a partir de 1925 y cada 19 de marzo de cada año lo festejan, haciendo procesión, juegos pirotécnicos, torneos de futbol, basquetbol, y sin faltar los jaripeos. Cacahuananche celebra en el mes de diciembre a la "Familia Sagrada" una fiesta que tiene unos 25 años en celebrarse y lo hacen por 8 días de jaripeos de duración, invitan a pueblos vecinos y hacen torneos de futbol, basquetbol y por las noches grandes bailes. Cada 16 de septiembre Cacahuananche celebra el recordatorio del día de la independencia de 1810 haciendo desfiles de las escuelas con los alumnos, hacen bailables y recitan poesías. Al medio día hacen torneos de futbol y basquetbol en las tardes jaripeos y por las noches alegres bailes.   La primera música de viento la formaron los señores Genaro López, Silverio López, Pablo López, Francisco López, Cándido Montañez, Marcos Victoria, José Hernández, Alejandro Estrada, Baldomero Estrada y otros ya olvidados; el maestro y organizador fue Gonzalo Villegas originario de Pololcingo. No se sabe del año de la formación ni de su desaparición. Después vinieron otros grupos musicales como la orquesta llamada Cale y Finix, los integrantes vivientes son Eciquio Estrada y Mario García no hay años de registros ni de desaparición.

La defensa social

El renegado Gral. Abacu desarmó la defensa social de Cacahuananche, siendo comandantes Marcos Victoria y Marcos Montañez; se desconoce del año del suceso. Este pueblo de Cacahuananche fue el último de nuestra región en tener armas del estado para defenderse de los renegados y alzados contra el gobierno y los pueblos que eran acosados. Las defensas sociales fueron impuestas en todo el país por primera vez en los tiempos de Juárez en 1861 y en 1914, por varios años estuvieron al servicio del gobierno que los pueblos le hacían el trabajo y orden. En 5 meses que ocupó el interinato como presidente del país Adolfo de la Huerta las volvió a poner activas en 1920. En la década de 1970 es desarmada pacíficamente la defensa social de Cacahuananche. Solo les dijeron que llevaran las armas a Chilpancingo que les iban a dar otras nuevas y no les dieron ya nada, que todo estaba en paz, les dijeron; fue la táctica que usó el estado y fue así como fue desarmado el último bastión de resistencia. Otros pueblos ya habían entregado las armas porque ya no querían seguir cooperando ya que eran acosados, obligados y llevados a rondines por la fuerza. No hubo Maderistas en Cacahuananche, solo Zapatistas que tomaron las armas para el bando de Zapata y fueron

Ignacio y Isaías Victoria, ambos hermanos, Pablo Montañez y otros.

Variables datos y sucesos

Las labores que tenían los ciudadanos antes de 1975 era la agricultura, acarrear leña a la mina para la fundición del azogue y la ganadería al igual que otros pueblos, las últimas personas que llevaron leña para la mina fueron Manuel Chávez, Alberto Montañez, Román Montañez, Irineo y Miguel Deloya, fueron hermanos.

En 1940 pegó en todo México la viruela y Cacahuananche no se salvó de esa terrible enfermedad, ya nadie vive de las personas que sufrieron ese desastroso mal, los efectos fueron mortales y solo se recuerdan a estas personas Aquilina López, Pablo Ramírez y otros más ya olvidados; También se recuerda el mal del pinto, tampoco nadie vive con las huellas del pinto azul, blanco y rojo.

En 1974 hubo un programa de un taller social de costura para que las señoras y señoritas se beneficiaran, aprendiendo los trabajos manuales que enseñaba la instructora, que no se sabe quién fue y ni qué fin tuvieron las máquinas de costura, ni en qué año termino el programa.

En Cacahuananche nadie recuerda los efectos de la fiebre española o amarilla que pegó en 1918 a nivel mundial, nadie vive de esas personas. (Ver en Tlapala).

El ultimo agricultor que sembró con bueyes, fue el Sr. Luis Ávila Marbar, no se sabe el año.

En Cacahuananche no existe un archivo comunitario que le pertenezca al pueblo y donde haya archivado los sucesos en general de lo pasado y presente. La construcción de la cancha de basquetbol la dio el H. Ayuntamiento de Huitzuco en 1988, siendo presidenta Esther Velazco jirón y ahí mismo sobre la cancha se construyó el Centro Deportivo Cultural y Social Comunitario, lo que la mayor parte de la gente llama casino.

No se sabe del año que se instaló la primera casilla Telefónica. Tampoco se sabe desde que año se empezó hacer carnaval ni en qué año dejaron de hacerlo, solo se sabe que los ladrones se pintaban la cara para no ser reconocidos.

El primer carro que entró a Cacahuananche por primera vez fue en 1946, lo llevó el Sr. Eciquio Estrada llevando un bidón de petróleo para venderlo y dar luz a los candiles y lámparas de petróleo.

Las primeras bestias mulares las tuvo el Sr, Anastasio Ávila, se desconoce el año que las adquirido.

Se dice que la camada y el promedio de los presidentes municipales que visitaron Cacahuananche, fuera de José Luis Ávila fue una sola vez al año y solo cuando los invitaban a comer o en campaña.

La primera casa de adobe y de teja fue hecha y habitada por el Sr. Juan Angelina, no se sabe del año de la construcción. No se sabe del año que se construyó la primera casa de azotea, solo se sabe que el dueño fue el Sr. Anastasio Ávila.

El Sr. Eciquio Estrada tuvo el primer Molino para moler nixtamal, no se sabe del año que lo compró, años después el Sr. Anastasio Peralta compró otro Molino.

El Sr. Silverio López a principios de 1967 compró el primer autobús que había tenido un particular en nuestros pueblos. Corría la ruta de Cacahuananche donde tenía su base, pasando por Tlapala, Tecolotla y Huitzuco, este autobús fue el primero en recorrer esta ruta mencionada, después entraron y recorrieron los autobuses de Huitzuco hasta llegar en la actualidad a Xilocintla.

El Sr. Crescencio Estrada tuvo el primer tocadisco de cuerda en 1965 aproximadamente.

Mis entrevistados me comentaron que en Cacahuananche no hay un control de población, porque hay muchas personas que se han ido a vivir a dicho lugar y que ya no hay lugares y sitios, que ni saben cuántos avecindados hay porque no existe reglamento o censo de natalidad.

Entre la Sra. Natalia Jimenes y el Sr Anastasio Ávila uno de ambos fue quien obtuvo el primer radio de transistores en 1962.

Las costumbres pasadas terminaron en el olvido: dar serenata a las novias por las noches, los juegos de casarse en pareja en los bailes y pagar el casamiento, claro que era un jugo. El casamiento real de irse a casar por lo civil a Huitzuco y que solo los acompañaban parejas de enamorados, todos montados a caballo en pareja de novios y se respetaban; las acabadas, en junta o unión donde se tronaban cuetes(cohetes) e iban las muchachas a encontrar las yuntas con los gañanes; el capote hecho de palma para defenderse de la lluvia ya ha desaparecido; cuando el novio se hincaba pidiendo perdón a los suegros por haberse llevado a la novia, la mamá de la novia agarraba una reata y enreataban a los dos y luego en ese momento los perdonaba, los fantasmas, la llorona y los duendes, todo eso ya desapareció porque nadie cree en ellos ahora.

3.1.6 Nanche dulce

Nanche Dulce tiene nombre del árbol frutal del Nanche, no se sabe cuándo le pusieron ese nombre, solo se sabe que anteriormente hace muchos años había muchos árboles de Nanches, no se sabe tampoco de su fundación, los burócratas dicen que su fundación es la misma que la de Lagunillas, que ambos se implantaron en el mismo periodo. Nanche es mucho más antiguo que, Tecolotla, Texahualco, Acaquila, Xoyacuautla, Xochimilco y otros más; Estos lugares se fundaron y obtuvieron su propio terreno, una en parte porque expropiaron y en parte porque había terreno no reclamado y sin dueño hace demasiados años. A Nanche nunca le ha interesado tener su propio terreno en ejido, ejemplo es que en esta última medición hecha por el gobierno federal en 1996 no aprovechó medir la posesión ni de su propio asentamiento humano. Otro ejemplo, entre 1969 y 1970 decidieron registrase como cuadrilla y pertenecer al municipio de Huitzuco y elegir un comisario por primera vez en toda su existencia y todo surge porque ya no quisieron cooperar con trabajos y monetariamente con Lagunillas, porque decían que solo ellos cooperaban. Encontré otro dato más, me comentaron que es el pueblo más rezagado de nuestros pueblos originales. Nanche se encuentra empadronado desde 1846 y no se sabe quiénes fueron los primeros dragadores mestizos.

Censos y empadronamientos

En el censo de 2010 hecho por el INEGI dijo que Nanche está a 1180 metros sobre el nivel del mar, tiene 350 habitantes de los cuales 169 son hombres y 182 son mujeres, hay 78 hogares; 29 hogares tienen piso de tierra y 8 consisten de una sola habitación. 21 hogares tienen instalaciones sanitarias, 72 hogares tienen luz eléctrica, 16 tienen una lavadora, 71 tienen una televisión, hay 156 menores de edad y 194 adultos, de los cuales 38 tienen más de 60 años de edad, solo 88 habitantes tienen derecho al Seguro social. Hay 50 analfabetos de 15 y más años, 12 de los jóvenes entre 16 y 14 años no asisten a la escuela. La población a partir de los 15 años y 57 no tienen ninguna escolaridad, 148 tienen una escolaridad incompleta, 15 tienen una escolaridad básica y no cuentan con una educación post-básica. Un total de 7 de la generación de jóvenes entre 15 y 24 años han asistido a la escuela, la media de escolaridad entre la población es de 4 años.

Padrón de 1846

En este padrón esta registrado como cuadrilla Nanche Dulce, hay 180 habitantes registrados entre mestizos y naturales, eran 20 matrimonios empadronados, 5 matrimonios non, él o ella era de origen natural, 6 matrimonios mestizos completos y 9 matrimonios naturales completos. Había 72 habitantes naturales y 56 mestizos, 33 hombres y 39 mujeres naturales, 24 hombres y 31 mujeres mestizos. Solo 11 apellidos había y eran: Cruz, Hernández, Catalán, Chávez, Ávila, Salgado, Bárcenas, López, Vázquez, Orduña y Oropeza. 95 personas era el grueso de menos de los 30 años entre mujeres y hombres. Nicolás Ventura y María Melchora ambos de origen natural eran los más longevos de más de 60 años. Solo había 3 viudas y 7 doncellas que así se les decía a las señoritas en esos tiempos. Se dice que estos amestizados nombrados son los padres y fundadores del mestizaje en Nanche Dulce.

Padrón de 1849

En este año había 102 habitantes entre hombres y mujeres, había bajado mucho la población en comparación con el año de 1846 debido a las enfermedades, otros factores y a la migración por la inestabilidad del país. Había solo 49 hombres y 53 mujeres; Solo había 9 apellidos amestizados y fueron: Salgado, López, Martínez, Ávila, Proa, Madrid, Chávez, Hernández y Catalán. El empadronador fue Carlos Catalán se cree que fue de Lagunillas.

No hay mucha diversidad en Nanche, tal vez por no ser independiente, por ejemplo, no tienen panteón y se entierran en el panteón de Lagunillas, no tienen terreno ejidal, el asentamiento humano y el de agricultura es de Lagunillas. Los recursos que da el gobierno como procampo a los agricultores y otros más llegan directamente a Lagunillas y ya después los reparte a los de Nanche. Todos los recursos naturales como madera, ojos de agua, piedra y otros más, son exclusivamente de Lagunillas. La raza existente es mestiza y un poco blanca. Me comentaron que nunca los ha visitado una persona relevante, que solo los visitan los candidatos en campana por el voto para presidentes municipales de Huitzuco y que ya cuando son presidentes no los visitan. No se sabe quiénes militaron en las filas Maderistas o Zapatistas, con Encarnación Diaz o Con Victorino Bárcenas, no se sabe nada del pasado de Nanche. Hipólito Betancourt tuvo la primera casa de adobe; no se recuerda del año que la construyó. Nicolás Catalán fue la primera persona que obtuvo el primer radio, no se conoce del año que lo adquirió. No se sabe del año que empezó la enseñanza escolar, la escuela primaria se llama Benito Juárez, no se sabe del año de construcción, solo me dijeron que siempre ha estado en el mismo lugar. El Kinder se llama Tayde González González, de su construcción no se sabe. No hay telesecundaria como en los demás pueblos, los alumnos de Nanche van a Lagunillas. Existen sectas religiosas con sus templos, de la Iglesia Católica no se sabe en qué año fue hecha. Son variables los comentarios sobre los 3 y a veces 4 días de fiesta que Nanche hacía en 1971 a 1973, la fiesta la hacían en el mes de octubre y no se sabe a quién celebraban.

3.1.7 Tlapala

La etimologia de Tlapala es: Tlapala = Tlapahlla.
Pintura = Tlapalhuia. CO = Lugar.
Lugar de pinturas. Lugar donde abundan sustancias para teñir. En conjunto Tlapala significa lugar de pinturas o Tlapaleria.

Los Nahuatls y la fundación de Tlapala

Los primeros habitantes y fundadores de Tlapala fueron los naturales Nahuatls, ellos le pusieron el nombre de Tlapala pero en Nahuatl, los naturales hacían pinturas con el aceite que emana del agua de escaparosa, almagre, (lesso o hilso), eso dice un documento encontrado y muy deteriorado que ya está muy despintado y apolillado. Me comentaron que esos elementos son sustancias terrosas y que esos conocimientos ya se perdieron, los españoles jamás tuvieron conocimiento de eso de hacer pintura. Los naturales vivieron en el punto denominado de las cuevas y en el lugar de las Peñas donde se encuentran huellas y muestras de jeroglíficos debajo de las piedras de cantera. En el punto llamado El Salto de la Barranca sacaban el agua con aceite y donde aún hoy en día hay agua con aceite de escaparosa. Se cree que los naturales llegaron a Tlapala a mediados de 1600 y después llegaron los españoles afines de 1600 aproximadamente. Cuando llegaron los españoles al ser acosados los naturales se fueron más al sur convirtiéndose Tlapala en un lugar de paso tanto para naturales como de españoles.

Fundación de la hacienda de Tlapala

Se especula que la hacienda de Tlapala se fundó entre 1708 y 1710, en Tlaxmalac ya existía la hacienda de Antonia González Tenorio la que se dice que fue la primera en existir en la región. La hacienda de Tlapala fue fundada y habitada por el rico español Manuel de la Madrid; se comenta que fue la segunda. La tercera fue la hacienda de Gertrudis Sánchez de Yetla y Zacatonapa, se comenta que Yetla era lo que es hoy Atetetla, no se sabe dónde fue Zacatonapa. La cuarta hacienda fue la de Chaucingo fundada y dueño de Pedro de Ocampo, Pedro fue un capitán español, se comenta que la hacienda fue fundada en 1714 lo cual se duda porque su antigüedad podría ser antes según los estudiosos y críticos; no hay documentos que muestren su antigüedad. Chaucingo tiene historia solo falta estudiarla y narrarla. Hasta donde sé, solo dos hombres han sobresalido en Chaucingo Pedro de Ocampo y Héctor Vicario licenciado y político de Carrera. Hay haciendas del pasado que se les han encontrado documentos que narran sobre su pasado. De todas las haciendas los dueños fueron españoles y éstas fueron las primeras en producir el mestizaje antes que Huitzuco. Otro comentario, la hacienda de Tepatitlan fundada por Fernando Ruiz de Castro y heredada a su hija Bernardina Ruiz de Castro luego que este muriera, aclaro, que esta hacienda de Tepatitlan estuvo a un lado del poblado de Atopula. La hacienda de Almolonga que no se sabe quién fue el dueño ni cuando desapareció, se encontraba al sur de Xochimilco y a un lado de Santa Cruz.

Manuel de la Madrid, el hacendado

Manuel nacido en España entre 1683 y 1688 y murió entre 1757 y 1760, es lo que aseveran, datos de registros encontrados, según los cálculos. Como todo español llegó a México en busca de dinero, oro y fortuna. Llegó a Metepec en el estado de México con otros familiares y amigos, Manuel era luchador, aguerrido y arriesgado. En Metepec ya todo terreno tenía dueño y Manuel no vaciló en buscar tierras y siguió al sur, por todos lados estaba lleno en lo que ahora es el valle y todo el estado de México. Siguió al sur hasta llegar al valle de Iguala y es ahí en Iguala donde viró asía nuestra región del lado oriente. Todo se debió a consejos y pláticas que había tenido con otros españoles y hacendados, porque entre ellos se apoyaban, porque como ya dije anteriormente, las mejores tierras ya habían sido repartidas por Cortés entre sus capitanes, oficiales y soldados y ya después cualquier español se asentaría donde quisiera arrebatándoles las tierras a los naturales tal como sucedió. Y es así como llega Manuel de la Madrid a Tlapala donde nadie era dueño de nada y todo era virgen. Manuel pone sus reglas de mundo civilizado, todo a su modo y conveniencia, agarra una inmensa porción de terreno de lo que hoy es parte de ejido de Tlapala y la gran parte de terreno que perdió Tlapala con Tecolotla entre los años de 1936 y 1937. Ya lo comenté antes, Manuel fundó su hacienda entre 1708 y 1710; era soltero y de carácter fuerte, se casó viejo en Metepec a la edad de unos 40 o 45 años aproximadamente. De su esposa no se sabe nada, solo se sabe que nunca lo siguió y jamás estuvo en la hacienda, siempre estuvo en Metepec. Manuel la visitaba esporádicamente después de casados, de ese efímero matrimonio nacieron dos hijos María Guadalupe y José de los cuales narraré más adelante. Los hijos de Manuel nacieron y se criaron lejos, en Metepec a modo de la madre lo cual no se sabe cómo se llamó y ningún registro narra de ella nada. María Guadalupe y José solo visitaron la hacienda cuando su padre Manuel murió, pero antes de morir Manuel heredó a sus dos hijos, a María Guadalupe le dio más porque le dio como dueña y heredera absoluta toda la hacienda, solo porque era la mayor y fuerte de carácter, a José solo le regaló unas tierras por ser el menor, mimado y débil de carácter. Existe un registro oficial español fechado el 23 de febrero de 1719 en Huitzuco y dice que la hacienda de Tlapala fue consultada para que ayudara a los naturales regalándoles tierras para que subsistieran, esa petición fue hecha por la real audiencia española ya que los naturales le pedían tierras a la audiencia por ser un órgano español, pero Manuel se negó rotundamente, no respetando la Cruz valía de

España ni como humano, Manuel se apoyaba y platicaba con los demás hacendados, ya que ninguno tenía consideración por ningún natural. Ese fue el lapso de la vida de Manuel como hacendado.

Biografía, proceder y heredera de la hacendada María Guadalupe

María Guadalupe de la Madrid, como ya dije, fue hija del hacendado Manuel de la Madrid. María nació entre 1739 y 1741 aproximadamente. No existe documento que lo demuestre y solo me guio por escritos y documentos encontrados sobre sus acciones en el transcurso de su vida. María murió entre 1827 y 1828. Después de la muerte de su padre Manuel , esta toma el mando de la hacienda como heredera, era muy joven de unos 18 o 20 años aproximadamente pero se cree que al igual que su padre fue aconsejada por otras hacendadas; Aparte de tener un fuerte carácter, con los años venideros se convirtió en una mujer agria, déspota, mala, cruel y vacía llegando a causar temor a los naturales y amestizados; María nunca había estado en la hacienda, siempre estuvo en Metepec lugar donde nació y creció con su único hermano José al cual siempre se le impuso. María nunca se casó, pero fue concubina de Jesús Gómez. Jesús fue un español radicado en Toluca y de ese amor esporádico nació Miguel Gómez de la Madrid hijo de ambos, Jesús y María nunca vivieron juntos. María al igual que su padre Manuel no respetaba a los representantes de la corona española en Huitzuco cuando venían de Tlaxmalac o de Taxco, menos a los naturales respetaba. En sus mejores años María ordenaba preparar recuas de animales y tomando a naturales y mestizos a su servicio se marchaba con su gente a la ciudad de México a consultar sus problemas con los altos representantes del gobierno español y eclesiásticos religiosos católicos. A mediados de la década de 1810 empezaron a llegar otros ricos españoles a nuestra región mal vivientes y aventureros poniéndose a vivir donde querían, formando villas, parajes y ranchos no respetando nada, tales son los lugares como Coyantlan, San Marino, San Agustín, Los Miradores y la Españita que hasta en diminutivo ponían nombres en los lugares donde se asentaban, todos estos nombres eran de España demostrando que añoraban su patria. María siguió llamando igual a como se fundó a la hacienda de Tlapala. Aclaro que la hacienda desde su fundación estuvo en el lugar de la Nopalera, lugar que en la actualidad es asentamiento humano. María con mano de hierro seguía siendo dueña de esa hacienda, hay registros y manuscritos de 1771 de la real audiencia de Taxco, que dice que las ricas hacendadas de

Tepatitlan: Bernardina Ruiz de Castro, Gertrudis Sánchez de Yetla y Zacatonapa y la hacendada María Guadalupe de la Madrid de Tlapala, ayudaron con dinero para terminar de construir la iglesia de Huitzuco en 1757. La cofradía se encontraba en Tlaxmalac y toda la región de pueblos, haciendas, rancherías, parajes y villas pertenecían a Tlaxmalac, por lo cual tendrían que rendir cuentas a la real audiencia de Taxco, Tlaxmalac era el centro religioso más importante y no Huitzuco en esos años. Se dice que la construcción de la iglesia de Huitzuco se comenzó en 1733 y se terminó en 1757. En 1753 nace el famoso mestizo y cura Miguel Hidalgo y costilla libertador de México. Prosigo; ninguna hacienda quiso regalar tierras a los naturales y mestizos por que los esclavizaron física y mentalmente imponiéndoles una religión que no era la de ellos, quitándoles toda fe y esperanza. Gertrudis Sánchez era dueña de la hacienda de Yetla y Zacatonapa. Otro dato; resulta ser que Lagunillas era un paraje cerca de Conalejas y este lugar quedaba cerca de Atetetla y antiguamente en lugar de decir Atetetla decían Conalejas, no se sabe por qué ni en qué fecha. María no cambia y entrando el siglo de 1800, los naturales son más exigentes y violentos por la falta de tierras, en 1810 estalla el grito de independencia por el cura Hidalgo y María Guadalupe ni cuenta se da. Según los datos, fue en el mes de noviembre de ese mismo año que yendo a la ciudad de México como siempre lo hacía, es ahí donde se dio cuenta que los españoles ya no eran respetados y no tenían el poder del gobierno, a su regreso a su hacienda puso a toda la gente que estaba a su servicio alrededor de su hacienda día y noche para que los insurgentes no la atacaran porque tenía mucho miedo a las turbas ya que le habían platicado lo convulsionado que estaba todo el país. En 1811 al darse cuenta que el jefe insurgente era un cura llamado Miguel Hidalgo, para que los naturales y mestizos la respetaran y tuvieran miedo les regaló el Santo San Sebastián del cual les narraré más adelante. En1811 María Guadalupe le quita el nombre de la hacienda de Tlapala y le pone Hacienda de San Sebastián para que sus súbditos y demás la respetaran por amor al Santo, pero nadie reconoce ese nombre y solo llaman Tlapala. Fue entre 1815 a 1820 aproximadamente que María ya no llama los nombres puestos por ella de hacienda de Tlapala o hacienda de San Sebastián por miedo a un estallido en su contra. Ya habían liberado a todos los naturales y mestizos en esos años. Entre 1823 y 1826 surgen los primeros dragadores mestizos en Tlapala y estos fueron la heroína Teresa Villegas, Casimiro Montaño, Víctor Deloya, Rafael García y otros más que desafiaron a María Guadalupe dueña de todo el terreno y a su hermano José de la Madrid. Teresa fue la iniciadora y jefa del movimiento de dragadores convirtiéndose en líder social de mestizos y naturales. Tomaban terrenos para sembrar y lugares para hacer sus casas sin pagarle nada a la anciana María Guadalupe, por eso viendo lo que pasaba José vendió su parte a Nicolás Chávez. En 1865 hubo problemas entre Magdaleno Chávez siendo encargado de las tierras de Tlapala y los herederos de los primeros dragadores. Aclaro que Magdaleno Chávez fue hijo de Nicolás Chávez el que le compró su parte de tierras a José de la Madrid hermano de María Guadalupe. Existe un documento que narra ese problema más adelante lo expondré. María Guadalupe de la Madrid murió entre 1827 y 1828 en Tlapala enterrada en Huitzuco, mientras que su hermano José se cree que murió en Metepec.

Documento registrado de las tierras de Tlapala junio 17 de 1865

Con respecto a la noticia que Ud. me pide relativa a los terrenos de esta cuadrilla como los posean los actuales dueños digo a Ud. que don Jesús Gómez la Madrid. El terreno que posea es por herencia que recibió de su Sra. Madre da. Guadalupe Madrid. Que cuya Sra. También lo obtuvo por herencia de su finado padre don Manuel Madrid. Y dn. Casimiro Montaño, da Teresa Villegas y don. Rafael García posean los terrenos por compra que nos hicieron a los herederos de mi finado padre dn. Nicolás de Chávez quien también los compró a dn. José de la Madrid. Que dicho terreno lo obtuvo este señor por herencia de su finado padre dn. Manuel Madrid. Que por su finado hijo dn. José de la Madrid fue vendido el terreno a mi finado padre dn. Nicolás de Chávez. Y nosotros como herederos se los hemos vendido a los señores ya citados que el terreno de da. Teresa lo posea Piedad de Nava por herencia de su finada madre esta es la noticia que le doy a Ud. Como se hallan los terrenos de esta cuadrilla como los hubo los señores que los posean por compra que han hecho según consta las escrituras de venta.

El encargado de las tierras de Tlapala Magdaleno Chávez

Dr. Comisario primero municipal de Huitzuco (He pasado este escrito tal y como esta narrado sin alterar nada)

Censos y empadronamientos de Tlapala

Los primeros padrones que se hicieron en México y en nuestra zona fueron en 1826 siendo presidente Guadalupe Victoria, el padrón completo es del año cuando asume por tercera vez Nicolás Bravo la presidencia del país el 28 de julio al 6 de agosto de 1846. El padrón de 1826 Tlapala tenía 208 habitantes registrados, padrón incompleto. Padrón de 1837, solo había 390 habitantes en Tlapala, padrón incompleto. En 1840 solo 207 habitantes son empadronados, padrón incompleto. Padrón de 1846, son registrados 368 habitantes y 34 apellidos repetidos en diferentes familias, la población en mayoría era mestiza, es el padrón más completo encontrado. Padrón de 1849, en este año eran 257 habitantes registrados, 25 apellidos amestizados la otra parte de personas eran naturales. La población había bajado demasiado debido a las enfermedades y a cambios de inestabilidad social. Padrón de 1852, 308 habitantes empadronados y 38 apellidos amestizados, los demás eran personas naturales. En el padrón de 1854 se registraron 295 habitantes y había 32 apellidos mestizos, en este año Teponaxtla y la Españita se registraron en el padrón de Tlapala. Estas dos cuadrillas las expondré más adelante. Padrón de 1866, solo había 247 habitantes registrados y 36 apellidos en diferentes familias, en este padrón aparece por primera vez Piedad Nava Villegas con 33 años lo que significa que nació en 1833, Piedad fue hija de Teresa Villegas, la heroína. Padrón de 1887, fechado el 19 de agosto del mismo año y el empadronador fue

Eulogio González quien firmó. En este padrón se registraron 413 habitantes y 58 apellidos en diferentes familias. Aparece por primera vez Apolonio Bárcenas, padre de Victorino Bárcenas Bárcenas. Padrón de 1893 en este padrón se registraron 67 habitantes de Texahualco y 26 personas de Cacahuananche llegando a un total general de 374 habitantes el resto era de Tlapala. 53 apellidos amestizados y eran: González, Porras, Ramírez, Betancourt, Ocampo, Peralta, Montañez, Madrid, López, Rueda, Chávez, Beltrán, Salgado, Flores, Villalva, Bárcenas, Ortiz, Castañeda, Catalán, Ríos, Apaez, Cuevas, Navarro, Oropesa, Olivares, Montiel, Nava, Padilla, Trujillo, Nájera, Gómez, Zavaleta, Marban, Hernández, Rendon, Soriano, Lozano, Ayala, Joya, Aponte, Vázquez, Rebolledo, Angelina, Alarcón, Sánchez, Cruz, Mejía, Bahena, Aguirre, Visoso, Romero, García y Castrejón, este padrón esta registrado en Tlapala el 17 de octubre del año antes dicho y hecho por Ponciano Betancourt el cual lo firmó. El encabezamiento dice así: Padrón general de los habitantes de la cuadrilla de Tlapala comprensión de la municipalidad de Huitzuco de 1893. Tlapala de 1900, padrón general de empadronados registrando 329 habitantes y 52 apellidos mestizos. Padrón general de los habitantes de la cuadrilla de Tlapala de 1910, 360 habitantes eran entre Tlapala,

Texahualco y El Agua Zarca, que florecía. Padrón general de los habitantes de la cuadrilla de Tlapala, municipio de Hutzuco, distrito de Hidalgo, estado de Guerrero, 428 habitantes registrados y 48 apellidos mestizos. Este padrón se terminó el 12 de agosto de 1922. Texahualco y El agua Zarca se registraban en Tlapala. Padrón general de los habitantes existentes de la cuadrilla de Tlapala, municipalidad de Huitzuco, distrito de Hidalgo. Así decían los encabezamientos de los padrones a principio de 1900. También este padrón comenzó en octubre de 1928. Había 435 habitantes registrados y 56 apellidos mestizos. Padrón terminado el 15 de noviembre del mismo año. Al igual Texahualco y El agua Zarca se registraban en Tlapala. Los auxiliares fueron Arcadio Peralta y Miguel Figueroa los cuales firmaron. Padrón general de los habitantes de Tlapala, municipalidad de Huitzuco, distrito de Hidalgo de 1931. Habitantes registrados fueron 473 y 58 apellidos registrados. Este padrón fue hecho el 3 de noviembre de dicho año y los auxiliares fueron Román Bárcenas y Crescenciano Benítez los firmantes. Padrón general de los habitantes de la cuadrilla de Tlapala, municipio de Huitzuco, Guerrero, de 1937. Fueron empadronados 537 personas y 55 apellidos mestizos encontrados. Padrón de 1943. A este último padrón encontrado le falta la primera hoja con 33 habitantes registrados.

Total, de habitantes empadronados 577 y 62 apellidos. En este año antes dicho, fue en el último que el gobierno dejó copias en las cabeceras municipales en todo el país. Aclaro que Tlapala por su posición geográfica, Ranchos y Cuadrillas, otros ciudadanos se empadronaban en ella, tales son los registros de habitantes de Cacahuananche, Texahualco, Agua Zarca, Teponaxtla, Comalacatla y Españita.

Pequeñas biografías

José de la Madrid

José fue hijo de Manuel de la Madrid fundador de la hacienda de Tlapala, de su madre no se sabe nada quien fue, fue hermano menor de María Guadalupe heredera de la hacienda. María por su fuerte carácter, violento siempre se le impuso. José siempre vivió en Metepec, de chico fue criado por su madre que lo malogró siendo débil de carácter. En 1815 vendió el poco terreno que le dejó como herencia su padre Manuel. Lo vendió a Nicolás de Chávez. Se especula que lo vendió porque temía que los naturales se lo quitaran. José nació entre 1748 y 1750. Murió entre 1818 y 1821.

Jesús Gómez

Ya narré en un pasaje pasado, que Jesús Gómez fue solo amante de María Guadalupe de la Madrid y de ese amasiato nació Miguel Gómez de la Madrid, Jesús siempre vivió en Toluca, capital del estado de México y se dice que murió en Huitzuco aunque no se sabe de la fecha, hay un escrito que dice que Jesús fue alcalde de Huitzuco en 1824. Jesús era español y solo porque sabía leer y escribir impartió justicia como letrado; los españoles seguían ocupando puestos relevantes ya en el México independiente. Tuvo un primo radicado en Toluca que se llamó Francisco Fierros el cual visitaba a Jesús Gómez en Huitzuco, no se sabe si era casado, pero Francisco tuvo un hijo llamado Lorenzo Fierros apodado el Güero Llorón, fue hijo de Marciala Chávez hija ésta de Magdaleno Chávez y Teresa de Ocampo, como ya dije Magdaleno fue hijo de Nicolás de Chávez, Lorenzo fue pariente muy cercano de los antiguos Zavaletas y familiares del actual Ramon Zavaleta.

Miguel Gómez de la Madrid

Miguel fue hijo de Jesús Gómez y de María Guadalupe de la Madrid, Miguel nació en la Hacienda de Tlapala y criado en Metepec donde también se cree que murió en 1835 y nació entre 1747 y 1750. No existe un registro o padrón de su Nacimiento. Miguel nunca tuvo poder de la hacienda mientras su madre vivió porque lo manipuló toda su vida.

Teresa Villegas

De esta gran mujer no se sabe dónde nació ni de su clan familiar, fue una mujer mestiza y valiente, no se encuentra en ningún empadronamiento de esa época registrada, sin conocimiento de causa fue una mujer liberal muy decidida y valiente que desafió las viejas costumbres de seguir respetando las tierras de la vieja hacienda de Tlapala, ya la dueña hacendada María Guadalupe tenía más de 20 años que había muerto y la gente seguía respetando y teniendo miedo de agarrar un pedazo de tierra para hacer su casa o sembrar la tierra. Teresa fue la primer mujer dragadora al desafiar y no comprar y agarrarse tierras, así, solo así, solo porque la necesitaba y la siguieron otros; como ya dije antes, Casimiro Montaño, Rafael García, Víctor Deloya y otros amestizados, mientras que los naturales siempre respetaron, quizá por miedo no lo hacían. En 1848, en los tiempos de Juárez, los conservadores se la llevaron y todo fue por apoyar en las luchas que hacía el liberal Juan Álvarez el cual era acosado por los generales de Santana y fuerzas conservadoras; esos conservadores pasaron por Tlapala y al darse cuenta que Teresa era liberal y hacia desafíos en Tlapala, se la llevaron a la ciudad de México, se dice y han existido debates donde es casi seguro que algún soplón la denuncio. Por el camino la maltrataron, la golpearon y la violaron llegando a causar repugnancia hacia los conservadores; Teresa murió víctima de la violencia ejercida en su contra. No se sabe dónde está su tumba y nunca hasta el día de hoy se ha sabido más de Teresa Villegas. Teresa tuvo una hija llamada Piedad Nava y se encuentra empadronada en el año de 1866 y casada con un hijo de Magdaleno Chávez. En Tlapala la mayoría, ni idea tienen, de quien fue Teresa, menos un monumento le harán o calle que lleve su nombre en su memoria.

Nicolás Chávez

Fue un español Nicolás. Se desconoce su árbol genealógico. Llegó a Pololcingo en 1794, no se sabe quién fue su esposa, se cree que fue una mestiza originaria de Pololcingo y que murió al nacer su hijo Magdaleno Chávez el cual nació en 1796. Nicolás le compró toda la herencia a José de la Madrid. No se sabe del año de la muerte de Nicolás. Magdaleno hijo primogénito de Nicolás vivió en Huitzuco donde conoció y vivió con su esposa Teresa Ocampo y en 1828 tuvieron su primer hijo llamado Felipe Chávez Ocampo. Magdaleno y Teresa tuvieron a su última hija llamada Marciala la cual tuvo muchos hijos e hijas que hasta el día de hoy su clan existe en Tlapala.

Censo de Tlapala 2010

Tlapala se encuentra a 1,134 metros sobre el nivel del mar; su longitud es 99. 347778, su latitud: 18. 233889, tiene 592 habitantes de los cuales 266 son hombres y 326 son mujeres, 215 son menores y 377 son adultos, de los cuales 118 tienen más de 65 años. Hay 162 hogares, 49 tienen piso de tierra y 9 tienen una sola habitación. 100 hogares tienen sanitarios. Tlapala tiene la 15 posición en habitantes del Municipio de Huitzuco, y se encuentra a 7.5 kilómetros al sur de Huitzuco. El primer censo en México fue hecho en la época prehispánica por el rey Xolotl de los Chichimecas que ordenó que su pueblo fuera contado. El Segundo periodo de censos fue en 1895 ordenado por el dictador Diaz.

El Ejido

Como ya dije anteriormente, el ejido era propiedad privada de la hacendada María Guadalupe de la Madrid y años más tarde unos compraron y otros arrebataron después de la independencia y aun cuando María Guadalupe vivía. En 1865 se consolida el ejido dando por termino definitivo la desaparición como dueña de la hacienda de Tlapala, siendo Magdaleno Chávez encargado de las tierras de Tlapala en ese año. Era muy grande el ejido: tenía cerros, valles, grandes llanos y muchos parajes y pasó lo inesperado; Tecolotla expropió una gran parte del ejido de Tlapala entre 1936 y 1937. El ejido tiene piedra azul, piedra de cantera, piedra pedernal, piedra roja, blanca y piedra de yeso, también tiene el ejido siete cuevas, nadie sabe de los comisariados pasados, presentes y tal vez futuros, cuantos kilómetros cuadrados mide el ejido, porque nombran a comisariados que no saben leer, tienen plano del ejido, pero no lo conocen. E aquí un poco de historia del ejido de Tlapala: Manuel Morelos Arellaño, alias Bigotes, porque se dice que fue bigotón, era General, mis entrevistados nunca me dijeron con certeza de dónde fue originario, tal vez nunca supieron, unos me dijeron que fue del estado de Morelos, otros dijeron que era un General desertor renegado. Vivía en Huitzuco casado con Gloria Carranza, esta Sra. fue hermana de Héctor y Rafaela del mismo apellido. El general Manuel era muy amigo de Carmen Ocampo el cual siempre visitaba Tlapala llevándole regalos como: arados, picos, palas y armas. En 1939 el Gral. Manuel regaló 100 tejas para la nueva escuela, dos cajas de gises; el pueblo se cooperó y compró dos pizarras porque estaba recién llegada la maestra Victoria Navarrete mandada por el gobierno. En 1940 el Gral. Manuel tomó dos campanas una de la iglesia del calvario y la otra de la iglesia del real de Huitzuco, las regaló a Tlapala, una campana la puso en la iglesia y la otra en la escuela de palma por que aún no se terminaba la escuela nueva. A fines de 1969 vinieron unos vivillos a Tlapala y engañaron como siempre a las autoridades y a unos ciudadanos e hicieron el cambalache con las campanas, llevándose las campanas viejas de mejor calidad y dejaron otras sordas y más chicas que son las que están actualmente. Del Gral. Manuel se dice también que tenía un criterio vulgar y era un gran y fino ladrón. En 1938 estaba fresca la expropiación que Tecolotla había hecho y el Gral. Manuel y Carmen Ocampo acuerdan en sembrar la parte ejidal expropiada bajo sus propios riesgos, acuerdan en poner 14 yuntas y sembrar lo más que pudieran, se dice que querían recuperar el terreno perdido, pero como siempre pasa en Tlapala no querían problemas y no recibieron el apoyo del pueblo. Sembraron, pero poco cosecharon porque trozaban la milpa o soltaban animales para que hicieran destrozos y se dice que hasta macheteaban la milpa. Los gañanes fueron Ostolio Bárcenas, Rómulo Ramírez, Ascensión

Betancourt, Jesús Ramírez (el Vago), Trinidad Betancourt (el zarco), Francisco Betancourt, Constancio Betancourt, Ignacio Ortiz (la Camorra), Emilio Betancourt y otros más que no se recuerdan. A fines de 1938 muere Bernabé Betancourt hombre muy rico y el Gral. Manuel quiso repartir la herencia a las hijas de Bernabé, pero el único hijo que tenía se paró en la tranca y le dijo al Gral. Manuel que si se atrevía "a pasar para dentro" lo mataría teniendo Procopio en la mano el 30, así se llamaba el hijo de Bernabé. El General no entró. Él acostumbraba a hacer lo que quería sin ningún trámite de ley y legal más que por su propia ley.

Los bordos

El primer bordo hecho en los pueblos de la región, fue el bordo de la Españita que pertenece al ejido de Tlapala, fue hecho en 1972 por los ganaderos de Huitzuco porque en tiempo de secas se terminaba el agua de las barrancas porque los ganaderos en el ejido de Tlapala tenían muchísimo ganado. Para hacer el bordo pidieron permiso al pueblo, el comisariado ejidal en ese año era Isidro Apaez quien dio el permiso a nombre del pueblo. Los ganaderos fueron Samuel Ocampo, Ignacio Uriza, Nato Téllez, Tenodoro

Robles. Un tal de apellido Manjarrés y otros más, todos eran de Huitzuco. Rubén Uriza hermano de Ignacio trabajaba en el gobierno en Chilpancingo y los ayudó con todo el material: maquinas, cemento, cal, albañiles y peones; Tlapala solo puso la arena y la grava de sus yacimientos y los carros del H. Ayuntamiento solo lo acarrearon. Este bordo aún existe hoy en día; de sus constructores ya nadie existe. El bordo de El Punto de la Tierra Blanca es muy chico se hizo en abril de 2004, la mano de obra la puso el pueblo, la arena y la piedra la acarrearon los carros del Ayuntamiento, la máquina, el cemento, cal, todo lo dio el municipio a través del presidente José Luis Ávila.

Agua del ejido

Tlapala tiene agua en todo su ejido cerca y retirada, tiene abrevaderos para animales en lugares donde aprovechan otros pueblos y los lugares son El Palo Blanco, El Anillo, La Cruz, El Atascadero, El Arenal, El Agua Salada, El Rincón, San Marino, El Plan, La Españita, Los Dos Bordos. Estos son lugares libres, sin contar los propietarios de tierras que tienen pozos con mucha agua. Tlapala tiene pozo artesanal con mucha agua, ahora se dice que ya se terminó, los malos manejos que han hecho con el dinero y el poco interés que se le presta da motivo a todo lo expresado y el resultado es que todo ha terminado, el pozo no funciona ya.

Tlapala en la participación de las minas de azogue

A mediados de 1942 Pepe Haydar Jimenes se hizo cargo de los yacimientos de azogue de las minas de El Tiro General llamado así desde los tiempos de Carmen Romero de Díaz esposa del dictador Porfirio Díaz, Carmen era la dueña y heredera. Pepe era mexicano, nacido en Tabasco, de padre árabe y de madre mexicana, era muy conocido como Pepe Haydar y no como José o Jacob, según me comentó la Sra. Oralia García. La bonanza estaba en su mayor apogeo; la mina era resguardada por el ejército mexicano y Pepe se hacía cada vez más rico, pagaba contribución a los ejidos de Pololcingo, Tecolotla y Tlapala, también pagaba fomento minero en Iguala donde obtenía el permiso de sacar de la tierra solo lo de adentro. Pepe era amigo de Tomás Garrido Canaval ambos paisanos de Tabasco. Tomás era un rico cacique ateo y dolor de cabeza para el presidente Lázaro Cárdenas en esos tiempos idos; Tomás corría para gobernador de Tabasco e invitó a Pepe Haydar a la contienda y a invertir dinero para ganar, pero Tomás perdió la contienda y Pepe por apoyarlo perdió su dinero y es así como se fue a la quiebra; Pepe se endeudó con la financiera Azteca la cual lo acosaba para que le pagara sin demora. Pepe vivía en amasiato con la Sra. Oralia en plena bonanza en Huitzuco, estaba casado y tenía su familia en la ciudad de México. El 19 de febrero de 1976 muere Pepe Haydar pobre y divorciado de su legítima esposa y rodeado de sus hijos en la ciudad de México. Los documentos de sus negocios los traía en un maletín donde posiblemente cargaba los permisos de explotar el azogue y muy posible las escrituras de las minas como dueño. Pepe Haydar se codeó de tú a tú con las más altas esferas sociales tanto en la política como en la sociedad de la época. La Sra. Oralia me mostró fotos de Pepe con Adolfo Ruiz Cortines y Lázaro Cárdenas del Rio ambos expresidentes. Pepe también fue dueño de la refresquería tipo restaurante llamada La Joyita que dio servicio de 1969 a 1975 en Huitzuco. El 10 de febrero del año ya expresado, 1976, fue la última vez que la Sra. Oralia- que actualmente vive en Huitzuco y me narró este pasaje de su vida- vio a Pepe Haydar.

Historia de la enseñanza y escuelas de Tlapala

Guadalupe Cerezo Madrid y María Aguirre fueron dos mujeres que dieron todo su talento y sabiduría cada una por lo que enseñaron: a leer y a escribir. Dichas mujeres ostentaban casi la misma edad, Guadalupe de 30 y María de 31 años. Enseñaron bajo la sombra de una enramada de Chapulixtle en 1915, el lugar donde vivió el finado Mateo Ramírez. Era la primera vez que se enseñaba en Tlapala. No se sabe cuántos años impartieron enseñanza estas dos mujeres. En 1920 enseñaron bajo una galera prestada por Sostenes Cuevas, el tercer lugar fue bajo la sombra de otra enramada de Chapulixtle que el pueblo construyó en el lugar donde vive la Sra. Ventura Salgado actualmente, esto aconteció a mediados de la década de 1920; se cree que fue en 1926 el último año que Guadalupe y María enseñaron y dieron todo lo que sabían por el bien y beneficio de los niños de Tlapala sin cobrar nada, todo lo dieron gratis. En México había una gran escasez de maestros en esos años. Expongo un suceso que me comentaron de las heroínas Guadalupe y María. Corría el año de 1925 aproximadamente Era ya finales del mes de junio y el agua no caía, los agricultores estaban muy preocupados, sacaban a San Sebastián para que viera los campos secos para que con ello cayera el agua. Todos estaban con miedo, Guadalupe y María llevaron a los niños y niñas a la barranca para que imitaran a los sapos y ranas brincando y graneando como dichos animales, según las creencias así caería el agua. El cuarto lugar donde se enseñó, es donde se piensa construir actualmente el bachillerato comunitario. Corría el año de 1930; se enseñaba en este lugar bajo de una enramada al igual que todas de Chapulixtle, a principios 1931, el pueblo decidió hacer una casa de palma y enseñaron ahí. A fines de ese mismo año, el pueblo decide hacer una casa de teja con estructuras de ladrillo, pero antes, en la escuela de palma empezaron en hacer bailes porque ya había un maestro puesto por el gobierno llamado Rosendo Vergara y este hacía los bailes, pero un día en el baile un individuo sacó su pistola y tiró al aire, los tiros dieron en el techo de palma y un amigo le bajó el brazo al que disparaba y éste sin querer le dio un balazo en la frente a una joven que estaba sentada. El pueblo resolvió mover la escuela nuevamente a otro lugar quedando los cimientos de la construcción y se cambió en 1938, ya que habían surgido problemas familiares entre dos familias de alto voltaje(peleoneras) y se peleaban para que la escuela se pusiera cerca de las familias en conflicto y se decidió ponerla en el lugar donde se encuentra hasta el día de hoy. Primero se hizo una casa de palma en donde se enseñaba a mediados de 1939, año que también llego la maestra Victoria Navarrete mandada por el gobierno federal, Victoria solo estuvo un promedio de pocos meses enseñando y no hubo más maestros, se tuvo que recurrir a los maestros voluntarios y en esta vez surgió como maestra Honoria Zavaleta en 1945. En 1949 llegaron dos maestros puestos por el gobierno, pero en un período de tiempo anterior a este este año no se enseñó y había mucho alfabetismo en todo México. Honoria enseñó casi por 8 meses y a veces no enseñaba, lo hacía cuando quería. En 1948 se hizo la escuela formalmente con sus enormes pilares y arcos, con altas paredes de ladrillo, con un segundo piso al lado y debajo se encontraba la dirección y la primera cárcel. La escuela se construyó casi en dos años y medio. En 1956 el pueblo decidió hacer la barda alrededor de la escuela y la barda de la iglesia, las dos juntas, en el mismo año. El comisario fue Encarnación (Chon), González Ocampo, fue enérgico y responsable y obligó al que no quería ayudar a cooperar con su pueblo. Hoy en día esas bardas aún están, pero remendadas por falta de interés del pueblo. Afines de ese año, la escuela ganó un concurso a nivel comunitario estatal por la belleza de la construcción y el premio fue una réplica de madera de su estructura, la cual medía unos 90 centímetros de largo por unos 35 de ancha y 45 de altura, no se sabe en qué año se perdió, se dice que se la llevó un director como un recuerdo personal. La escuela pasó a organización completa en 1962 siendo director de la misma Alfredo Flores y el logotipo estaba escrito en lo alto de la pared del segundo piso del lado sur y decía:

Escuela Primaria Rural Federal de Concentración Francisco I Madero. Era de concentración porque los alumnos de Lagunillas, Nanche Dulce, Cacahuananche, Tecolotla y Texahualco venían a esta escuela a terminar el sexto grado y Tlapala era el primer pueblo en tener los seis grados. Sucede lo mismo con el Bachillerato Comunitario, que van alumnos de diferentes pueblos. La primera generación que terminó la primaria en Tlapala, fue en 1964 y los alumnos fueron de Tlapala: Edilberto Salgado, José Bárcenas, Efeso Peralta, Cruz Marban, Dominga Peralta, y Gloria Betancourt, Irene Ramírez. De Tecolotla: Julia Ramírez. Cacahunanche: Mario Montañez, Lauterio Ávila y otros más olvidados. En 1963 se hizo el monumento a Francisco I Madero siendo presidente de la sociedad de padres de familia Eulogio Peralta, el secretario fue José Betancourt Betancourt. En 1964 se construyó el monumento a la bandera; el presidente de la sociedad de padres era José Peralta. El aula del lado sur se construyó en 1962 y fue la primera aula construida de petatilla y el primer maestro que enseñó a los niños ahí fue el maestro Héctor Camacho Garín, dicha aula se renovó en 1998, ahora es de azotea. La escuela de los grandes arcos y pilares desde su construcción en 1948 era de teja y el techo se renovó en 1976 y ahora es de azotea, siendo director Leobardo Viviros Guerrero. En 1968 la escuela tuvo banda de Guerra y el que enseñaba a los alumnos fue Miguel Villegas de Pololcingo, Guerrero, no se sabe quién donó o compró los instrumentos, por lo tanto los alumnos nunca aprendieron a tocar, tampoco se sabe cómo se perdieron o se llevaron los instrumentos, solo desaparecieron, solo se dice y comentan sin pruebas, que los maestros se los llevaron, pues los presidentes de la sociedad de padres de los alumnos nunca llevan cuenta o hacen un inventario de lo que hay en la dirección, los maestros hacen lo que ellos deciden sin tomar en cuenta al comité ni a los padres de los alumnos, pues ya ni quieren sacar el desfile de la consumación de la independencia que celebra Tlapala desde tiempos lejanos. El primer maestro nativo de Tlapala fue Mayolo Aguirre con título oficial dado por la secretaria de Educación pública en 1962 o 1964 y la primera plaza, fue en su pueblo Tlapala.

El *kinder*

En sus inicios la casa del *Kinder* fue de palma, tiempo después fue de lámina galvanizada, el lugar donde se instaló era un lugar libre en el centro del pueblo. Nadie sabe o recuerda de los inicios de operación, se cree que fue en la década de los 80 y como siempre sucede con los empleados del gobierno sin consultar al pueblo le pusieron por nombre a dicho *Kinder*, Miguel F. Martínez

La telesecundaria

La telesecundaria se llama Francisco González Vocanegra. Este personaje fue mestizo de San Luis Potosí y autor de la letra del himno nacional mexicano. La telesecundaria se construyó en 1988 y a los habitantes del pueblo se les fijó una cooperación de $ 15,00 más la mano de obra que tenían que trabajar. Se formó un comité para llevar el trabajo en orden; el presidente fue Natividad Ocampo, Tlapala puso la arena, la piedra, la grava y el agua, todo de sus propios recursos naturales; los tres tipos de gobierno pusieron todo lo demás, el presidente municipal de Huitzuco fue Andrés Abundes.

Bachillerato comunitario

El 27 de noviembre de 2016 empezó a dar servicio el Bachillerato comunitario, de dicho centro de estudios salió la primera generación en 2019. Los que acuden son de pueblos vecinos de Tlapala como Xilocintla, Cacahuananche, Texahualco y Tecolotla; Hay personas inconformes, de otros pueblos, que el gobierno lo instaló en Tlapala y han tratado de llevárselo a Cacahuananche, pero la concentración de posición geográfica del gobierno estatal ha decidido dejarlo en Tlapala, aún el Bachillerato no tiene edificio para impartir estudios, lo hace en la escuela primaria y bajo el edificio de la comisaria ejidal y municipal.

La banda de guerra

La escuela primaria Francisco I. Madero ya tuvo banda de guerra compuesta por sus instrumentos de trompetas, tambores y demás enceres, se dice que la mitad del costo de banda la dio la comisión del Río Balsas y la otra mitad la pagaría el pueblo en conjunto, esto fue en 1968. En la actualidad se comenta que ya no hay ningún instrumento en la dirección, lugar donde se guardaba todo lo relacionado de la banda y que los maestros todo se lo han llevado. El comité de padres de alumnos y el pueblo en general nunca piden un inventario al profesorado. Total, en dicho año, la maestra Francisca Torres Ríos para aligerar el pago de la banda organizó un baile en el Centro Deportivo anteriormente llamado Casino, en Huitzuco e invitó a otros pueblos al baile y a cooperar, la ganancia que saliera sería para pagar la banda. El baile fue en abril de 1968, éste comenzó pacíficamente, a las 9:00 de la noche aproximadamente donde hombres conocidos de Tlapala libaban alegremente al son de la música, pero el vendedor de bebidas de la barra se quejó con el comandante de policía llamado Salustrio Barcenas apodado el Cualelo, que los hombres de Tlapala no pagaban, por lo cual él se dirigió a la bola de hombres y les dijo: a qué hora van a pagar hijos de su puta madre. Al oír eso se paró Juan Villanueva apodado el Aguate y le pegó un botellazo en la cara al comandante Cualelo y en ese momento se hizo la gran bola de pelea a botellazos con la policía, el Sr. Ernesto Betancourt que era de Tlapala y trabajaba en el centro Deportivo apagó la luz para que sus paisanos escaparan. El baile se paró y toda la gente se fue y la policía en la calle les preguntaba a todas las personas que encontraba que de dónde eran y si decías de Tlapala te llevaban a la cárcel fuera mujer u hombre. Años que fueron represivos, ya olvidados. Aclaro que se dice que Salustrio Barcenas fue hijo del Gral. Victorino Barcenas Barcenas.

Jóvenes alumnos de Ayotzinapa

El 27 de septiembre de 1972 Tlapala celebró con honor la consumación de la independencia de México haciendo fiesta como siempre lo ha hecho. En ese año el joven Eladio García Moyao, estudiante de la Escuela Normal Rural Federal Isidro Burgos de Ayotzinapa,

Guerrero, llevó a algunos compañeros de estudios a competir en basquetbol y actuación. De este tipo de escuela internado solo hay siete en todo México. Los jóvenes se presentaron con educación y respeto, conducidos por Eladio. Jugaron Basquetbol, actuaron e hicieron obra de teatro donde representaron la "Martina" y otras obras; los jóvenes sabían lo que hacían sobre arte dramático, pantomima y actuación. Eladio fue de Tlapala. Q.E.P.D.

Cooperativa escolar

Nadie sabe en qué año se le dio parcela a la escuela primaria Francisco I. Madero, se comenta que fue antes de 1960 la cual anteriormente se encontraba en los límites con el ejido de Lagunillas, Guerrero. Poco se sembraba por estar retirada. Años más tarde hubo un intercambio entre el pueblo y la Sra. Luz Betancourt, el pueblo le cedió el terreno de la cooperativa y la Sra. Luz cedió su calmil cerca de su casa. La cooperativa escolar actual, en 1590 aproximadamente, fue Cementerio de los naturales, muestra es que en 1971 el pueblo decidió plantar árboles frutales y al escarbar se encontraron utensilios de oro, jade, como collares y partes de materiales poco conocidos y huesos humanos. El pueblo guardó silencio. El legítimo dueño del terreno fue Manuel Sánchez, agricultor que sembraba maíz y sandia; se comenta que en 1963 pidió dinero prestado al banco ejidal y no lo pagó, para pagarlo le pidió prestado al Sr. Alberto Ocampo a cambio de rentarle su tierra lo que ahora es la cooperativa escolar. El Sr. Alberto empezó a sembrar la tierra desde 1966, ya para este año el Sr. Manuel se había ido a vivir al estado de Morelos. El Sr. Alberto sembraba año tras año y se empezó a murmurar que el Sr. Manuel había vendido su tierra al Sr. antes mencionado. La ley agraria decía en esos años que no podías rentar tu tierra por dos años ni venderla porque se te confiscaría. El pueblo se dio cuenta y en una asamblea se decide quitársela al Sr. Manuel. El conflicto por la vía legal comienza en mayo de 1968, es citado el Sr. Alberto y se le comunica que ya no sembrara la tierra por que ya era del pueblo; llega el tiempo de arar y el Sr. Alberto siempre sembraba en unión de sus hermanos y desoye el aviso del pueblo; la policía del pueblo los paraba y se los llevaba presos por que se ponían rejegos metiéndolos a la cárcel y después los retornaban a Huitzuco, así sucedió varias veces, el Sr. Alberto sembraba en el surco y el pueblo en el sobernal; El pueblo era unido y contrató un abogado llamado Narciso Barrios siendo delegado del gobierno de la secretaria de la Reforma Agraria, éste trabajaba como litigante a favor del pueblo lo cual recibía un pago por sus servicios aparte del sueldo del gobierno del estado. Era el responsable del papeleo del litigio, pero este trabajaba en secreto para las dos partes en conflicto y nunca arregló nada para nadie solo estafó a las dos partes dando largas al problema. El pueblo cansado de este vivillo decidió cambiar de abogado y en menos de un mes el abogado Ignacio Ortiz originario de Iguala, Guerrero, solucionó el problema en disputa de lo que ahora es la cooperativa escolar que tanto se han beneficiado los maestros y no los niños. Aparte de la cooperativa el pueblo anexó el terreno donde se encuentra el panteón del lugar de la tierra blanca, también otro terreno en el punto de las creces. Estos terrenos eran del Sr. Manuel Sánchez expropiados por el pueblo de Tlapala. Hoy en día hasta la telesecundaria tiene cooperativa escolar que no es técnica, agropecuaria, Pesquera u otro rango que amerite su especialidad, solo porque los maestros deciden lo que quieren, violando los pocos conocimientos del pueblo y ultrajando los reglamentos y acuerdos agrarios.

Clínica comunitaria

A principios de 1987 se instaló la clínica comunitaria y estuvo en el lugar donde se encuentra el *Kinder* Miguel F. Martínez. La primera clínica era la casa de lámina, el edificio actual se empezó a construir en 1988 y se terminó en 1991. La clínica le da servicio a Texahualco.

La iglesia

La primera iglesia fue casa de palma, me comentaron que fue entre 1862 y 1866. En 1811 año que la hacendada María Guadalupe regaló el San Sebastián a sus súbditos de Tlapala, se le rendía culto en la hacienda y no en una iglesia, años más tarde, después que la hacendada muere y desaparece la hacienda, se le rendía honores en casas particulares y así paso durante mucho tiempo. En 1885 se volvió a construir una nueva casa de palma como iglesia abajo donde se encuentra la actual, o sea, donde vive el Sr. Regulo Bárcenas hoy en día. De la primera iglesia no se sabe dónde estuvo. Fue en 1908 que rompieron la pared de la iglesia para robarse el santo san Sebastián, las paredes eran de vara y lodo, las cuales rompieron y por ahí lo sacaron. Fue encontrado y vendido en Tlatenchi, Morelos, donde se encuentra en la actualidad. EL santo original que regaló la hacendada era de oro puro macizo del pecho a la cabeza y media de 45 a 50 centímetros de alto es lo que me comento el Sr. Benjamín Villanueva. Q.E.P.D. El Gral. Victorino Bárcenas en sus correrías quiso recuperarlo cuando peleaba a favor de los cristeros, pero no pudo; eso me contó el antes mencionado. En

1928 el pueblo decide construir una nueva iglesia de teja con sus paredes de adobe y poniendo un nuevo santo San Sebastián que es más chico y no de oro. La iglesia estaba en el mismo lugar donde está hoy. En 1994 el pueblo católico decide derribar la iglesia de teja y de adobe y construye la que está hoy en día de azotea y fuertes paredes. Ya comenté que la barda de la iglesia se hizo en 1956.

Biografía de San Sebastián

Nacimiento: 256 D. C. en Narbona, Francia en el Imperio Romano.

Fallecimiento: 288 Roma imperio Romano. Venerado por la iglesia católica y ortodoxa.

Canonización: Culto Inmemorial.

Festividad: 20 de enero rito romano, 18 de diciembre rito bizantino.

Atributos: Flechas.

Patronazgo: soldados, plagas, flechas, atletas. San Sebastián nacido en Narbona, Francia durante el imperio Romano y adorado por los españoles, se educó en Milán. Fue soldado del ejército Romano del emperador Diocleciano, quien desconocía que él era cristiano, y llegó a nombrarlo jefe de la primera corte de la guardia pretoriana imperial. Sebastián fue cristiano, ejerció el apostolado entre sus compañeros, fue encarcelado por su religión. Sebastián murió ejecutado; cumplía con la diciplina militar, no participaba en los sacrificios pagamos por considerarlos una idolatría, visitaba a otros cristianos encarcelados por su religión, acabó por ser descubierto y denunciado al emperador Maximino, Cogobernante del imperio con Diocleciano, quien lo obligó a escoger entre su condición militar y su fe religiosa. Eligio seguir siendo cristiano.

Decepcionado, el emperador lo amenazó de muerte, pero este se mantuvo en su fe, enfurecido, lo condenó a morir. Lo desnudaron y lo ataron a un poste y le lanzaron una lluvia de flechas, dándolo por muerto, sin embargo, sus amigos viéndolo que aún estaba vivo lo llevaron a la casa de una mujer cristiana que lo curó.

Cancha de basquetbol

La primera cancha de basquetbol estuvo del lado sur de la escuela de los pilares. Era de piso de tierra raso y de los que jugaron ya nadie existe, se comenta que se empezó a jugar basquetbol en 1955. En 1970

Ambrosio Marban donó su calmil para que los jóvenes hicieran la cancha, solo que ésta era de tierra sin cemento. El calmil no era muy grande, solo era lo que es la cancha que ocupa hoy en día este lugar. Las dos comisarias, los baños, la cárcel y el cuarto donde se venden bebidas en fiestas era un lugar libre. En 1972 le echaron un entortado de cemento ralo, todo era sencillo en estructura y fue en 1974 que llegó la SOP (secretaría de obras públicas) Esta secretaría estaba integrada a la comisión del Rio Balsas donde a Rubén Figueroa solo se le hablaba y todo se cumplía. Muchos pueblos se beneficiaron e hicieron sus canchas. Todo lo hizo la comisión, el pueblo solo puso el trabajo y el agua. Se construyó tal como está hoy, con sólida estructura y no se le ha hecho ningún cambio. La comisaria ejidal y municipal se hicieron en 1994 siendo comisario Municipal Inocencio Ocampo: puertas, barandales, escritorios y sillas se pusieron en 1998.

Cancha de futbol

Los jóvenes empezaron a jugar futbol de llano en 1974 y la primera cancha estuvo en lo que hoy es el sitio de vivienda de Primitivo Betancourt, después en el lugar donde está actualmente, es un lugar que es de la unión de ejidatarios como propietarios de dicho lugar.

Historia del corral de toros

La práctica del rodeo, jugar, capotear y domar toros nace en Texas en 1800. Se hacía por diversión y no fue hasta 1936 cuando surge el vaquero profesional y es cuando se transforma en una competencia por paga; en Huitzuco se empieza a jugar toros en 1890. Hoy en día todo mundo da cuenta del rodeo y jinetes. Tlapala comenzó esta práctica en 1925 con los festejos del carnaval y no el 20 de enero día de san Sebastián. El carnaval se tenía como fiesta de importancia. Me comentó el Sr. Benjamín Villanueva que el primer corral de toros se hizo en el lugar de la barranca de las Iguanas en el año antes mencionado, ese lugar ahora es de Jesús Contreras. En 1946 año que deciden cambiar de lugar y hacen el nuevo corral en lo que fue la loma del finado Juan Ocampo. Ese dicho año de carnaval, en plena jugada de toros el rico comerciante Alberto Flores Monrroy originario de Apetlanca, Guerrero, se echó el encima el caballo al jalar las riendas hacia atrás. El corral solo estuvo unos años en este lugar, después lo hacen en la loma que fue de Eulogio Peralta, no se sabe del año, también allí fueron unos pocos años. Luego hicieron el corral a lado de la iglesia donde vive

Regulo Bárcenas, tampoco se sabe del año. Tiempo después lo hacen en el lugar donde mora Eladio Marban, no se recuerda del año. También donde vive Carmelo Martínez y en el lugar donde vive la Sra. Natividad Ortiz, no se sabe de los años. Se comenta que el corral, de este lugar, se mudó por muchos años, al lugar donde vive ahora Agustín Betancourt tanto que con los años venideros resultó en conflicto entre el pueblo y Agustín; en 1968 año que el antes mencionado, había hecho unas pequeñas casitas para vivir y el lugar lo había agarrado como sitio de vivienda sin ningún permiso, es lo que se comenta entre las personas mayores. El 27 de septiembre de dicho año, fecha de la consumación de la independencia de México, el pueblo reclamaba que quería ver toros y no había corral por que se encontraban las casitas adentro donde se hacia el corral. El pueblo a través del comisario, le avisó a Agustín, que sacara sus casas, pero éste se negó, el pueblo decide hacer el corral con las casas adentro, pero el día de hacer toros, el pueblo sacó las casas a pedazos a través de la orden del comisario, quedando libre el lugar. Fue triste ver esa acción de un pueblo alborotado y revoltoso pudiendo haber otros canales de acuerdos. En 1970 el pueblo decide volver a cambiar el corral por el conflicto que el pueblo había tenido con el Sr. Alberto Ocampo y todo surgió por la cooperativa escolar; el Sr. antes mencionado tenía una tienda que aún está; vendía muchas bebidas alcohólicas y para que su tienda no siguiera generando ganancias por las fiestas que se hacían en ese lugar, cambian el corral al lugar donde ahora es un sitio para vivienda que está abandonado y que es vecino con el sitio del finado Juan Betancourt. El 28 de febrero de 1973 Rubén Figueroa visita Tlapala haciendo proselitismo para diputado federal por Guerrero, Rubén tenía amigos en Tlapala: Roman Barcenas, Emilio Betancourt los cuales se codeaban con Rubén de tú a tú, pues en los tiempos de adolescentes platicaban que se bañaban en la barranca de la calle vieja, lugar que aún existe, aunque ya no está libre. Ese año, acompañaba a Rubén el conocido cantante Gerardo Reyes que hacia sus pininitos y en la tarde cantó en plena tardeada de toros. Otro dato para recordar y me comentaron, es que Tlapala y Tiquicuilco han convivido en cuestión de jaripeos llevando toros entre ambos pueblos en sus fiestas desde 1959. No se recuerda en qué año se cambió el corral de toros del lugar anterior al presente. Total, el pueblo lo cambia y en 1986 decide hacerlo de castillos y tubos, es el primer corral de toros con estructura en la región. Mide 49, ½ metros de redondez, la mayor parte del material lo dio el H. Ayuntamiento de Huitzuco, quien también puso los carros para acarrear la arena y la grava de los mantos del ejido siendo presidenta Municipal Esther Velazco Jirón. Faltaron tubos, el pueblo cooperó con $ 70.00 por hogar y fue así como se compraron los tubos faltantes, el coordinador para llevar en orden el trabajo fue el Sr. José Betancourt Betancourt Q.E.P.D. El maestro albañil fue Vicente Alarcón, igual Q.E.P.D. Como siempre, el pueblo puso todo el trabajo, también acarreó el agua. El palco se construyó en 1999 y se inauguró el año 2000.

El algodón

Era la primera vez que los agricultores de Tlapala sembraban algodón y fue tan mala la decisión de sembrarlo que no se ha vuelto a sembrar porque no se le ganó nada. Corría el año de 1968 el Sr. Marcelino Román originario de Pololcingo vino a Tlapala y animó a los agricultores a que sembraran algodón porque era la mejor opción del momento. Humberto Heras era el contratista y el jefe de campo fue Wenceslao originario de San Vicente Palapa, Guerrero, Estas personas eran empleados de la secretaria de Plantación y Fruticultura, una rama integrada a la comisión del Río Balsas. Los agricultores que sembraron algodón fueron: Ricardo Betancourt, Febronio Peralta, Epifanio Salgado, Hilario

Ortiz, Eligio Ocampo, Santiago Marban, Eron Velázquez y otros. El único pago que recibieron fue de $ 100.00 por todo, jamás recibieron otro pago. El Sr. Ricardo prestó su casa para almacenar como bodega el algodón, los carros se llevaban el algodón sin pagar nada. Solo Tlapala y Pololcingo sembraron algodón en ese año.

El cacahuate

Tlaxmac y Pololcingo fueron los primeros pueblos en nuestra región en sembrar cacahuate, Huitzuco lo siembra en 1938 aproximadamente. En Tlapala lo siembra por primera vez el Sr. Anselmo Bárcenas a fines de la década de 1940.

La última yunta

En 1992 el Sr. Joaquín González fue el último agricultor que sembró con una yunta uncidos de bueyes.

El Banco Rural

Este banco de crédito rural vino a Tlapala en 1951 y jamás benefició a los agricultores ni campesinos, solo los exprimía en las cosechas, llevándose todo lo que habían producido y casi eran obligados a pagar por la fuerza. Este banco fue creado por el gobierno mexicano, por los impuestos que el gobierno americano pagaba por los braceros idos a trabajar en 1942 a los EE-UU. Pensó el gobierno mexicano que invertir en el campo era la mejor opción, pero fue peor para la gente del campo y mejor para el banco de crédito rural.

Primer molino de Nixtamal

El Sr. Eliseo Esquivel originario de Xochimilco, Guerrero puso el primer molino de nixtamal en Tlapala en 1946, lo instaló en el lugar donde se encuentra el *Kinder* actualmente; al año, o sea, en 1947 el Sr. Esquivel vendió dicho molino al Sr. Sostenes Cuevas, el molino nunca trabajó bien porque siempre se descomponía y nunca supieron y ni aprendieron a arreglarlo por lo que el Sr. Sostenes decidió venderlo al Sr. Camerino Peralta de Cacahuananche, Guerrero. No se sabe cuándo que fue vendido. Años después el Sr. Alberto Ocampo puso otro molino más moderno, se desconoce en qué año lo instaló. En 1967 el Sr. Miguel Betancourt puso otro más actualizado y hoy en día cualquier hogar tiene su molino para moler nixtamal.

La música "Peor es Nada"

Esta música llamada "Peor es Nada" se formó entre 1937 y 1940 no existe una fecha exacta, pero se comenta que fue por estos años. Todos los instrumentos los compró el Sr. Sostenes Cuevas y todo fue porque quería que su único hijo, supiera tocar y aprender todos los oficios que había y por haber en esa época. El hijo se llamó Marcial Cuevas Estela. A la música se le puso ese sobrenombre porque no había mucha música de viento en esos años y como nunca nadie aprendió a tocar un instrumento o la tambora, por eso la gente le puso la música "Peor es Nada" así siempre se le llamó en Tlapala y en otros pueblos donde los invitaban a tocar. Los integrantes fueron Blas Arellano que fue el maestro y tocaba el fistón, Jesús Ramírez apodado "el vago", Marcial Cuevas que tocaba todos los instrumentos, Margarito Velázquez tocó trompeta, Emilio Betancourt, vihuela, Regino Betancourt, el clarinete, Nicolás Ramírez, la tambora, los hermanos Hipólito y Jesús Arellano no se sabe que tocaron. Hubo más integrantes que ya no se recuerdan. No se sabe del año que dejó de tocar y de su desintegración total.

La defensa social

Adolfo de la Huerta fue mestizo, hijo de padre español y madre Yaqui Mexicana. Adolfo fue presidente interino y amnistió a muchos generales y jefes rebeldes entre ellos Pancho Villa, Félix Díaz y otros: Plutarco Elías Calles y Álvaro Obregón se oponían, mas el asesino de Zapata, Jesús María Guajardo fue fusilado por el Estado de Nuevo León. Pancho Villa hacía que sus soldados fingieran ser soldados de defensa social de pueblos y así atacar al ejército. Eulogio Peralta y Grabiel Chávez fueron los últimos comandantes de la defensa social de Tlapala en 1944. Eusebio Ramírez, Jesús Peralta el "Pozol", y Blas Arellano y otros más fueron comandantes y soldados en diferentes años. Las defensas sociales se implantan en 1920 por Huerta. Abacu Román era un Gral. del ejército y se dice que fue un militar rebelde. Abacu vino a nuestra región y desarmó a todos los pueblos y cuadrillas que tenían defensa social llevándose las armas incluyendo a Tlapala, nunca más se supo de Abacu, esto sucedió en 1942, anteriormente a este año las defensas sociales eran acosadas por el ejército. Cada dos semanas el ejército le preguntaba al comisario que cómo estaba la situación con los revolucionarios, alzados, pronunciados y rebeldes eran los sinónimos que ponía el ejército a los inconformes. Era molesto e insoportable la presión que ponía el gobierno.

El primer billar

Ricardo Betancourt Salgado obtuvo el primer billar, lo compró en Pololcingo, Guerrero. Lo instaló en 1963 en Tlapala, el Sr. Ricardo aún vivía en El agua Zarca pero ya había comprado unos paderones al Sr. Marcial Cuevas y construyó una casa donde puso el billar.

Andrew Almazán VS Manuel Ávila Camacho

Estos dos personajes se disputaban la presidencia del país en 1940 y causaron gran alboroto siendo la última vez que el país y su gente ha estado envuelta en un conflicto de gran envergadura a nivel nacional hasta hoy en día. Almazán era un militar que tenía al pueblo de su lado. Ávila Camacho un medio politiquillo de la época, tenía a los políticos de alto perfil del gobierno de su lado. Viendo el gobierno que Almazán tenía a todo el populacho de su parte, amenazó a éste con investigar su fortuna, tuvo efecto y fue así que Almazán dobló las manos rindiéndose y abandonando al pueblo como siempre ha pasado. Almazán instaba al pueblo a tomar las armas y de Tlapala se fueron a la bola como se decía antes. Juan García, Cándido Ríos, Rómulo Ramírez,

Vicente Ríos, Amador Góngora de Texahualco, José Peralta, Jesús Peralta (El Pozol) y otros olvidados.

La camilla

Anteriormente en nuestros pueblos al sur de Huitzuco hombres o mujeres que tuvieran una enfermedad grave los llevaban en camilla a Huitzco a curarlos, fuera de noche o de día, solo había veredas y caminos anchos y había solo pocos carros en Huitzuco. Si un carro entraba a un pueblo caminaba más rápido la gente que el carro. La camilla se hacía de varas largas y resistentes o de otate para que soportase el peso de la persona. Los últimos que fueron llevados en camilla: Eulogio Betancourt, herido de muerte por una retrocarga que se le salió el tiro en la escuela primaria en 1961 y murió al intentar llevarlo en camilla. El Sr. Baldomero Zavaleta también lo llevaban en camilla y murió en el camino en 1963. Otro dato, en la quemazón del Palenque en 1942 también llevaban en camilla a los que se quemaron.

Tlapala y el primer militar

José Betancourt Cuevas (El Marro) fue el primer ciudadano Tlapalteco en enlistarse en las filas del ejército mexicano en 1957, su primera estadía como militar fue en el destacamento en Tlalixtaquilla, Guerrero, lo que ahora es la región de la montaña. Tlalixtaquilla queda a un lado de Tlapa de Comonford. José Zavaleta Ramírez fue el segundo enlistado como soldado militar, se desconoce del año. El tercero fue Roberto Aguirre Mesa, este fue de carrera con academia y grado militar, también se desconoce del año.

Casas diferentes

Sostenes Cuevas construyó la primera casa de piedra y teja en 1921, dicha casa aún está, y ésta se encuentra reconstruida, se le quitó la teja y le pusieron lámina. La primera casa de adobe y teja la hizo el Sr. Epifanio Salgado, se desconoce del año. El Sr. Alberto Ocampo fue el primero en usar lámina galvanizada en sus galeras en 1969; la primera casa chica de azotea la construyó el Sr. Miguel Betancourt en 1968.

El primer carro

El primer carro que entró a Tlapala fue del registro civil cuando se casó el Sr. Eulogio Peralta con la Sra. Merced Zavaleta en 1945 aproximadamente. No se sabe de quién fue el carro. Más tarde entró el carro del Sr. Alberto Flores Monrroy en 1953. Éfeso Peralta fue el primero en tener su propio carro en Tlapala en 1974.

La cárcel

Como ya dije antes, la primera cárcel estuvo en la escuela primaria hasta 1968 año que el pueblo decide hacer otra cárcel y la hace de piedra y azotea, siendo comisario el Sr. Miguel Betancourt, esta cárcel se encuentra en la calle Juan Aldama frente a la casa del Sr. Jesús Contreras. El pueblo dejó de usar esa cárcel.

Taller de costura

Tlapala tuvo un taller de costura que solo estuvo en servicio unos meses; Lucia Alcocer solicitó las máquinas a la comisión del Rio Balsas, se dice que fue a tráelas Melitón González y la diseñadora Fermina López, de Cacahuananche, Guerrero. Fermina enseñaba a señoritas y Sras. que deseaban cocer, tejer y bordar. Las máquinas se guardaban en la escuela primaria, lugar donde se enseñaba, el director de la escuela era Leobardo Viveros Guerrero de Huitzuco. De la escuela desaparecieron las máquinas, se las robaron y nadie sabe nada hasta el día de hoy. Se desconoce de los años que estuvo el taller. Solo fueron 7 máquinas, es lo que se comenta.

Las fiestas de Tlapala

Tlapala empezó hacer la fiesta de carnaval en 1936, había años que no se hacía por la inestabilidad social. Se empezaron a hacer, con frecuencia, después de 1945 hasta 1968; de ahí fue decayendo, anteriormente era más concurrido y famoso el carnaval que la fiesta del 20 de enero. Las primeras personas que le dieron realce a la fiesta del 20 de enero fue un grupo llamado los mayordomos nombrados en asamblea y así fue durante unos 10 años aproximadamente. Ahora se le llama comité, formado solo por 3 personas que el pueblo les deja las manos libres. Los mayordomos eran un grupo de 12 personas nombradas en asamblea y estos fueron: Hermelindo Peralta, Epifanio Salgado, Miguel Betancourt, Ricardo Betancourt, Silvestre Bárcenas, Carlos Betancourt, José Betancourt (Samuel), José Betancourt (Patillas), Eligio Ocampo y otros más olvidados. Los primeros en hacer el carnaval fueron Filiberto Navarro, Juan Betancourt, Eleodoro Betancourt, un tal apodado La Calavera, Jesús Ramírez (El Vago) todos estos fueron los grandes iniciadores que dieron renombre a las fiestas.

Calle Francisco I. Madero

La calle principal que cruza de norte a sur a Tlapala se llama Francisco I. Madero. Esta calle se empezó a pavimentar en 1997 pero no se terminó porque faltaron unos 200 metros y no fue hasta el 18 de enero de 1998 que se terminó, aún no existía la carretera pavimentada Huitzuco – Cacahuananche.

7 casas de bloque

No se sabe qué nivel de gobierno dio las 7 casas en 1974. Estas casas fueron regaladas y rifadas en una asamblea por los ciudadanos, hubo personas que sacaron boleto premiado y lo regalaron creyendo que serían pagadas las dichosas casas, quien construyó su casa solo puso el trabajo en hacer el block, el agua y la comida al albañil. Hoy en día aún existen esas casas y han sido remodeladas con diferentes fachadas. Los beneficiarios fueron Santiago Marban, Juan Peralta, Ignacio Ortiz, Francisco Marban, Hilario Ortiz, Jesús Arcos y Meliton González que solo recibió material y el único sobreviviente. Nunca se han pagado las casas.

El primer tocadisco de cuerda

El Sr. Alberto Ocampo según me comentó, obtuvo el primer tocadisco de cuerda en 1955. Tiempo después Natividad Ocampo tuvo el segundo y por último José Betancourt obtuvo el tercero, ninguno de ellos vive hoy en día.

La primera televisión

El Sr. Arnulfo Apaez tuvo la primera TV en Tlapala en 1975. Todos los niños querían ver televisión y el Sr. Arnulfo cobraba entre 20 y 50 centavos por ver.

El primer radio

La Sra. Teresa Marban obtuvo el primer radio de transistores de baterías en 1960. Las personas acudían a escuchar el radio y no cobraba.

Bestias mulares

Bernabé y Ponciano Betancourt, ambos hermanos, tuvieron las primeras bestias mulares en 1928. Eran muy ricos. Ponciano fue cuñado de Victorino Bárcenas apodado El Judas de la revolución.

El primer tractor

El Sr. Alberto Ocampo tuvo el primer tractor en Tlapala en 1967. Daba servicio en muchos pueblos y el Segundo tractor lo obtuvo el Sr. Ricardo Betancourt, se desconoce el año que lo adquirió.

Carretera Tlapala- Tecolotla – Pololcingo

En 1966 la secretaria de salubridad y asistencia pública a través de su representante en Tlapala el Sr. Hermelindo Peralta López y de Tecolotla Nicolás Téllez ambos al mando, les decían a los habitantes de sus pueblos que fueran a trabajar y que el pago sería la ración de un kilo de frijol con gorgojo por lo viejo que estaba, dos cuartillos de maíz también picado, una lata de carne procesada chica que a las personas ni les gustaba, una botella de aceite rancio era todo el pago que hacía la secretaría y sus representantes. En ese año se dice que había una gran escasez de maíz y de trabajo. Meses después el autobús de Silverio López de Cacahuananche y los autobuses de Huitzuco corrían la carretera de terracería que se había hecho con sacrificio, sin sueldo, solo con la ración antes dicha. La carretera nunca llegó a Pololcingo porque no cooperó en trabajo, solo llegó a las faldas de El Mango que le pertenece al ejido de Tecolotla. La secretaría solo dio a Tlapala 7 picos y 7 palas igual a Tecolotla, si querías ir a trabajar tenías que llevar tus propias herramientas.

Guadalupe Ruiz Castañeda

El árbol genealógico de Guadalupe: Enrique Loza y Alvina Astudillo ambos esposos empadronados en 1846. Dicho matrimonio tuvo una hija llamada Guadalupe que nació en 1832 por lo que en 1846 esta tenía 14 años. Guadalupe Loza Astudillo se casó en 1853 con Santiago Castañeda y en 1854 tuvieron su primer hijo llamado Fidencio Castañeda Loza. Santiago Castañeda es la primera vez que se empadrona en Tlapala no se sabe de su origen. En 1866 Santiago ya con 39 años y su esposa Guadalupe con 30, han criado a sus hijos: Fidencio de 12 años, a Maximino de 10, a María del pilar de 4 y a Lina de 1 año. Solo de este año,1866, se supo de Lina y no fue hasta 1922 que se volvió a saber de ella porque se empadronó; por lo que es seguro que no se casó en Tlapala y en su registro se puso que era viuda de 50 años, pero en realidad tenía 57. Se cree que Lina llegó en 1921 y con ella su único hijo Guadalupe Ruiz Castañeda de 21 años el cual se casó con Eufrasia Betancourt Madrid y en ese mismo año,1922, ya tenían un hijo llamado Maximino de un año y que murió entre 1923 y 1928; y entre esos años murió también Lina Castañeda Loza madre de

Guadalupe Ruiz Castañeda. En 1931 se registra Guadalupe con 30 años, casado con Eufrasia de 26 años siendo la última vez que se empadronaron. A Guadalupe le decían como apodo Cabeza Jedionda, Guadalupe el Pelón, era calvo y muy conocido por este último apodo dentro y fuera de Tlapala. Guadalupe el Pelón era muy famoso por que toreaba toros en ruedos muy concurridos sentado en una silla o hincado. Ponía banderillas con la boca. No se sabe del año que empezó en los ruedos. Me comentó el Sr. Benjamín Villanueva y el Sr. Hermelindo Peralta que la plaza de toros en Iguala la tenía de compromiso cada 8 días para capotear y pegar las banderillas, su representante fue el Sr. Jesús Peralta. Los amigos del pelón de Tlapala que lo acompañaban en los rodeos fueron Jesús Bárcenas (El Perrito), Juan Betancourt (La Rorra), Eusebio Salgado (El Cabezón), Ubaldo Ortiz que era primo de Guadalupe el Pelón y otros más. La última vez que se presentó en un rodeo fue el 2 de febrero día de la Candelaria en Tlaquiltenango, Morelos, de 1937, me comentaron que en esa jugada el toro lo revolcó, lo golpeó lanzándolo por los aíres varias veces, mas nunca le metió los cuernos, tampoco sangró ni tenía raspones en el cuerpo solo le rompió la ropa dejándolo encuerado. Los amigos lo llevaron a su casa en Tlapala y dicen que decía que solo sentía dolores en todo su cuerpo y a los dos días murió en el año antes dicho., Q, E, P, D.

La quemazón del palenque 1942

La quemazón del palenque es una huella muy dolorosa aún viviente que se recuerda con dolor, tristeza y mucho sentimiento. La quemazón sucedió el 25 de abril a las 3:00 p.m. de 1942; el palenque se había hecho en el lugar donde hoy el Sr. Regulo Bárcenas vive quedando la iglesia a un lado. El gobernador del estado de Guerrero de ese año era el coronel Gerardo Rafael Catalán a quien llegó a sus oídos dicha quemazón. El presidente Municipal de Huitzuco era Antonio Abundes González y ante la gran presión que recibían los mayordomos por partes del pueblo, éstos. dijeron que sobornaron al presidente con $ 50,00 de aquellos años para que les diera el permiso de jugar gallos. El 27 de ese año, Antonio huye por el fuerte acoso que la gente le hacía, quedando como presidente interino del 27 de abril al 26 de septiembre el Sr. Humberto Mujica Gutiérrez que se dijo que era ateo. Nadie de los 12 mayordomos vive. El Palenque estaba encorralado con alambre de púa y tenía 12 a 15 hilos de alambre, tenía 25 metros en redondez, adentro había techos de palma sobre puesta, de chapulixtle, de zacate, de lodo y corralitos de acahual. Hay muchas hipótesis de la quemazón y una de ellas es que un hombre estaba perdiendo en el juego de la baraja y estaba enojado, fumando y tiro la camocha del cigarro en el techo de zacate y rápido se prendió volando chispas a otros techos pues hacía aíre y el fuego llegó donde se encontraban los garrafones de alcohol y al momento reventaron explotando y cayendo bolas de fuego sobre las personas, todos gritaban y lloraban que querían salir y la única puerta estaba bloqueada por la tambora y demás instrumentos musicales, se atropellaban y caían en la puerta. Emidio Bahena originario de Huitzuco era quien llevaba el alcohol cada año. Se comenta que fue muy feo ver esa tragedia, el alcohol los quemó por dentro, se les caía pedazos de carne y no se les podía tocar por que se quedaban pedazos de carne en las manos, era como si agarraras una mojarra frita en aceite, niños, mujeres y hombres muriéndose quemados; Gregorio Mata Madrid lloraba desconsoladamente sin nunca haber tenido esposa ni hijos solo por ver el gran dolor de las personas quemándose y sin poder hacer nada. Eladio Navarro no fue a ver jugar los gallos, pero era tanta su desesperación que lloraba y gritaba desesperado que no había Dios ni Diablo. Se habían quemado y muerto su esposa Cleotilde Castañeda, sus hijos Josefina, Consuelo y su único hijo Homero

Navarro. Toda la noche de ese día el pueblo de Tlapala lloró ya que en cualquier casa había un muerto o por oír el gran dolor de algún vecino, se dice que hasta los perros aullaban; terrible y espantoso fue este accidente. Todos los heridos los llevaban a Huitzuco en camilla a curarlos pues aún no entraban los carros. Los soldados acantonados en el cuartel militar en Huitzuco aplicaron con las personas sanas el odioso sistema de La Leva hecho por el gobierno de Adolfo de la Huerta; a todo hombre que encontraban se lo llevaban para que ayudara acarrear heridos quemados. El jardín de niño Francisco Figueroa en 1942 aun no era jardín, dicha instalación sirvió como hospital para atender a las personas quemadas, pero no fue suficiente, porque a los quemados de gravedad se los llevaron a Iguala y a Cuernavaca, Morelos. Existieron muchas personas que hicieron comentarios en ese acto de dolor, miedo psicológico, trauma sin tomar acción en el momento; Se dice que Ricardo Betancourt Bárcenas al saber que se había quemado el palenque llego de El Agua Zarca, paraje donde vivía y al llegar y verlo quemado y a su esposa quemada y a su hijo Rogelio muerto enriató a Juan García que había sido uno de los 12 mayordomos, ya los otros habían huido. Tres días después abrieron una fosa común para enterrar a los irreconocibles, la ropa quemada, la grasa de los que se habían quemado que había corrido en la tierra, zapatos, huaraches, piedras, tierra, charolas, vidrios y el 07.20 de plata que se derritió por el gran calorón, era el dinero que aun corría en ese año. La fosa común se encuentra en la tierra que era del Sr. Andrés Betancourt a un lado de la cancha de futbol. Los sobrevivientes de la quemazón: son Carlos Betancourt Alcocer y Margarito Betancourt Ramírez, únicos sobrevivientes y nadie más existe. La quemazón del palenque tenía su corrido, nadie sabe con certeza quien lo compuso y se lo querían adjudicar muchos entre ellos Ignacio Trejo de Cacahuananche, Ubaldo el coyote de Chilapa, Guerrero, radicado en Texahualco y al que le dan mayor criterio de haberlo compuesto es a Miguel Betancourt por que cantaba y tocaba guitarra y era de Tlapala; el único que cantaba el corrido era Teófilo Bárcenas, El Gallo Viejo, hay una estrofa del corrido que dice : Cacahuananche, Xilocintla y Lagunillas llevan sus heridos a Huitzuco en Camilla.

No se sabe desde que año se empezaron a jugar gallos, se comenta que todos los pueblos acudían a ver las grandes jugadas de gallos, se permitía jugar baraja, la música de viento tocando y tomando alcohol a raudales, de muchos pueblos, se quemaron personas, y los que sobrevivieron nunca más volvieron a Tlapala y otros más se fueron, ejemplo: Manuel Bárcenas Bárcenas hijo de Apolonio Bárcenas, hermano de Victorino Bárcenas;

Manuel fue padre de Álvaro Bárcenas, Manuel se fue de El Agua Zarca a radicar a Tepecoacuilco, Guerrero ya que su esposa, Patricia Bayo era de ese lugar y habían perdido una hija en la quemazón. Expongo lista de las personas fallecidas y las que sobrevivieron quemadas. Personas fallecidas: Srta. Eleazar Angelina Wico de Huitzuco era novia de José Betancourt (patillas), Fortunato y Juana Navarro ambos hermanos eran hijos de Filiberto Navarro y Agustina Hernández, Esperanza Ramírez Visoso hija de Rómulo Ramírez y Candelaria Visoso, Luisa e Inocente eran hermanos hijos de Agustín Marban (la flecha Roja) y Conrada Apaez, Cleotilde Castañeda madre de Homero, Josefina y Consuelo, Cleotilde fue esposa de Eladio Navarro, Consuelo recién casada con Jesús Ramírez (el vago), Celia y Rogelio niños, hijos de Ricardo Betancourt y María Salgado, Srta. Candelaria hija de Carmen Ocampo y Susana Betancourt, Teódulo Betancourt Ramírez fue el padre de Carlos Betancourt Alcocer, Magdalena niña hija de Procopio Betancourt y Elvira Madrid, Félix Figueroa recién unida con Odilón Betancourt y hermana de Mulquía Figueroa ambas de Texahualco, Victoria Aponte, fue mamá de Alicia, María Ramírez y Saturnino Betancourt Aponte, Juana y María hermanas fueron hijas de Manuel Bárcenas y Patricia Bayo, se quemaron sus hijas y se fue a vivir a

Tepecoacuilco, nunca más volvieron a Agua Zarca, Manuel murió y su tumba se encuentra en ese lugar, Juan Villanueva hijo de Benjamín Villanueva y María Ramírez, María y Esther niñas hijas de Juan Betancourt y Onofre Zavaleta, Emidio fue de Huitzuco, El joven Narciso fue hijo de Ascensión Betancourt y Sara Ramírez, José apodado Che Bolas radicado en Nanche Dulce, originario de Tuliman, el joven Joaquín Victoria hijo de Isaías Victoria, no se sabe de la mamá, fue de Cacahuananche, Srta. Joel Marban hija de José Marban y Francisca Marban, niña Guadalupe Marban Marban, se desconoce de sus padres. Se piensa que fueron José Marban y Francisca Marban, el joven Telesforo Betancourt fue hijo de Francisco Betancourt y Martina Cuevas, la Srta. Rómula fue hija de Eron Ríos y Justina Aguirre, Los niños Camerino y Hortensia Aponte, se especula que fueron de Texahualco emparentados con Victoria Aponte, Niño sin nombre hijo de Eligio Ocampo y Agustina González, niña Raquel Bárcenas hija de Francisca Bárcenas, se desconoce de su padre. Todos fallecieron y el que no murió en ese día murió a los tres días, los irreconocibles fueron llevados a la fosa común, la mayoría de las personas fallecidas fue de Tlapala, sin especificar la cantidad de muertos, se comenta que fueron más de 70 con los muertos de otros pueblos. Estas personas son las que sobrevivieron quemadas: Juan Salgado Visoso, María Salgado madre de Ricardo Betancourt, Alberto Ocampo Betancourt, Alicia Ramírez Aponte, Isaías Victoria de Cacahuananche, Saturnino Betancourt Aponte, Palemón y Carlos Betancourt Alcocer eran hermanos, Petra Ocampo Betancourt, Paz Bárcenas hija de Hipólito Bárcenas y Cira Betancourt y otras más que ya se olvidaron. Los únicos que viven hoy en día son Margarito Betancourt Ramírez y Carlos Betancourt Alcocer, de la mujer embarazada que se quemó y sobrevivió, se cuenta según dos versiones que: abortó o el niño nació deforme, hay pruebas de lo dicho.

Tres pueblos y un solo panteón

A fines de la segunda Guerra mundial la fiebre amarilla o española causaba muchas víctimas en todo el mundo, no había cura para detener el avance, era una pandemia feroz al igual que el covid-19 que está pegando en todo el mundo. En México solo se curaba con ron, era una bebida alcohólica que se usaba como cura preventiva, los efectos de esta mortal enfermedad fueron en todo el país, nuestra región sufría y a mediados de 1918 en Tlapala hubo una reunión emergente con los pueblos de Cacahuananche, Lagunillas y Tlapala. Ninguno de los tres pueblos tenía panteón y todos se enterraban en

Huitzuco de todas las rancherías y pueblos. En dicha reunión se tomó el acuerdo de hacer un panteón para los tres pueblos, sin tomar en cuenta a Nanche Dulce y a Texahualco, eran muy pequeños y siempre Nanche ha dependido de Lagunillas al igual que Texahualco de Tlapala. Era mucha gente que moría a diario; el panteón de Huitzuco había colapsado, ya no recibían a ningún muerto y la gente moría por el gran contagio, caían como moscas donde se encontraran. Los tres pueblos en su reunión no sabían dónde hacer el panteón ya que cada uno proponía que se hiciera en su ejido quedando demasiado lejos para los otros, hasta que la rica propietaria Juana Betancourt Cruz decidió donar una de sus tierras para el panteón. Los tres pueblos aceptaron el acuerdo ya que éste quedaría a la mitad de distancia de cada uno en el lugar llamado Teponaxtla. Dicho panteón aún existe y ahora solo se entierran a las personas de Texahualco. Cacahuananche y Lagunillas fueron los dos primeros pueblos en abandonar el acuerdo porque se hicieron sus panteones. Toda la propiedad que fue de Juana, Texahualco la expropió en 1948. Tlapala hizo su propio panteón porque antes del año 2000 había personas que se molestaban porque los muertos de Tlapala se enterraban en el panteón mancomunado por los tres pueblos cuyo terreno fue regalado. En 2001 la Sra. Agustina Betancourt

Betancourt fue la primera persona en enterrarse en el nuevo panteón que se encuentra en el lugar llamado La Tierra Blanca, lugar que fue cooperativa escolar y ejido. La fiebre amarilla fue mortal, murieron en el mundo 40 millones de seres humanos en el mundo es lo que dicen los organismos internacionales.

Registros de terrenos de Tlapala de 1883 y sus propietarios

Encontré un documento fechado de 1883 sobre los terrenos que había en Tlapala y sus propietarios y dice así: ... en vista de la comunicación de V. fecha 28 del presentado. Paso a rendir la noticia siguiente: 1. Terreno conocido con el nombre de las Cruces y Palo Alto propietario el súbdito español don Francisco Platas su valor $ 500 quinientos pesos terreno pastal conteniendo en el potrero de valor de 5 fanegas de sembradura de maíz. 2. Terreno conocido con el nombre por El Agua Zarca propietario el ciudadano Francisco Orihuela su valor $ 100 cien pesos. Terreno pastal conteniendo en el potrero de labor de dos fanegas de sembradura de maíz. 3. El potrero conocido con el nombre del Pochote contiene seis fanegas de sembradura de maíz y dos fanegas de frijol. 4. Terreno conocido con el nombre de la Calle Vieja y Teponaxtla propietario el ciudadano Juan Betancourt su valor $ 100. Sien pesos terreno pastal conteniendo en el potrero de labor de media fanega de sembradura de maíz y media fanega de frijol. 5. Terreno conocido con el nombre de la becerrería propietario el ciudadano Guadalupe Ayala su valor $ 100 sien pesos terreno pastal conteniendo en el potrero de labor una fanega de maíz y media fanega de frijol. 6. El potrero conocido con el nombre de los Guajes contiene en él tres medias fanegas de sembradura de maíz y media fanega de frijol... Transcribí este documento tal y como está escrito, estos terrenos fueron propiedades privadas de los ricos que había en esos años.

Ranchos de Tlapala

Este documento narra sobre los Ranchos que existían en 1883 y dice: ...En vista de la comunicación de V. de fecha 12 del presente. Paso a rendir la noticia siguiente: 1. En el punto conocido con el nombre de la Cruz subsisten dos Ranchos y sus propietarios son los súbditos españoles Francisco Platas y Fulgencio López. 2. En el paraje conocido con el nombre de San Agustín subsisten dos Ranchos y los propietarios son Ignacio Fuentes y Zeferino Porras. 3. En el paraje conocido con el nombre de Teponaxtla subsisten dos Ranchos de los ciudadanos Juan Betancourt y Guadalupe Ayala. 4. En el paraje conocido con el nombre de El Agua Zarca subsisten dos Ranchos de los ciudadanos Francisco Orihuela y la señora dona Vicenta Chávez. 5. En la cuadrilla de Tecolotla subsiste un Rancho propietario Pedro Jaimes. 6. En la cuadrilla de Tlapala asisten tres Ranchos que los ciudadanos dueños son Benigno Marban, Eulogio González y la señora Gertrudis Alarcón; Estos últimos tres rancheros no eran propietarios de terrenos, los anteriores a estos tenían sus ranchos en sus propiedades donde también vivian. No se sabe por qué Pedro Jaimes de Tecolotla y su rancho fueron registrado en Tlapala. El final de este documento dice: ...Aunque no como se dice, pero creo que careciendo de los conocimientos apropósito para rendir una noticia de esta naturaleza haber cumplido con la empresa citada nota. Libertad y C. Tlapala octubre 12 de 1883. Marcial Betancourt. firmo.

Capítulo 4

México: temas generales
Ratificación de tierras y tratados de México

En 1717, 1719,1738, y 1761 años que fueron ratificadas las tierras de haciendas y pueblos por la corona española en México. Existe un documento, ya después del México independiente, que dice: En 1826 los naturales le pidieron a Ramon Gamboa juez de letras del Partido de Taxco y hacienda pública, justicia y tierras sobre el perjuicio que les hacía el rico terrateniente Vicente Marban. Después de la independencia aún seguían los españoles despojando a los naturales de sus tierras. Otro escrito dice que en 1827 fue citada María Guadalupe a comparecer, dar testimonio y fe en el lugar de Tlaltizapan en el Momoxtle de Piedra, pedido por el juez Gamboa juez de letras y oidor de tierras de Taxco: se presentara con sus documentos de los terrenos de la hacienda de Tlapala para oír y ver sus respectivos linderos y ratificar colindancias; También fue citada Lagunillas y la representó Antonio Arcos, todo por culpa de Félix Marban , este Félix se agarraba terrenos que quería y donde quería siendo presidente de México Guadalupe Victoria. En México se peleaba por la tierra cuando en Europa en el siglo doce ya se bailaba el vals. También en este año (1827), Escuchapa apenas despuntaba y era llamada como el punto de Escuchapa por los mestizos y por los naturales en nahuatl Yspuechepa. Otro viejo documento, fechado el 28 de abril de 1870 dice: en el portezuelo de Tlaltizapan donde fue descubierto un Momoxtle de Piedra suelta, resultó ser el punto divisionario de las tierras de Huitzuco y Tlapala, estando de conformidad el Sr. Francisco Celis, ya que el Sr. mencionado es dueño de los terrenos de Españita, Tecolotla y Pololcingo, el tal Celis era un español que se agarró y compró muchos terrenos. Españita fue y sigue perteneciendo a Tlapala; La Españita la vendió Miguel Gómez de la Madrid, hijo de María Guadalupe la hacendada.

4.1 Insurrecciones

En 1862 hubo muchas insurrecciones en México al grito de viva el rey y muera el mal gobierno en plena época que los españoles gobernaban Centro y Suramérica. Mientras en México se desangraba internamente por intervenciones extranjeras y cuartelazos por los bandos conservadores y liberales. El natural y mestizo de campo solo suspiraba por un pedazo de tierra que nunca llegó. Hidalgo con su famoso grito de independencia no calmó la sed de justicia ni la esperanza de tener un pedazo de tierra, el 94 % eran criollos mexicanos que creían y seguían a Hidalgo en la lucha. En la caída de la gran Tenoxtitlan en 1521 hecha por Cortés y el siglo de 1800 han sido los más violentos y "calamidosos" que registra nuestra historia.

4.2 Tratado de Cahuenga

El 13 de enero de 1847 se firma el tratado de Cahuenga terminada la Guerra entre E.U.A y México, el Gral. Español Andrés Pico, gobernador de la alta California y comandante de las Fuerzas Armadas Mexicanas después de haber hecho una pantomima de defensa del territorio mexicano, en julio de ese mismo año, firma con el joven Gral. Americano John C. Fremont el tratado de Cahuenga (hoy Hollywood) por el que pico rinde la alta California a los EE-UU. Fue un arreglo informal, todas las disputas entre México y los EE-UU terminaron en 1848 con el tratado de Guadalupe Hidalgo donde México cedió formalmente alta California y otros estados.

4.3 Tratado de Guadalupe Hidalgo

Mexicanos y americanos reunidos en la villa de Guadalupe Hidalgo, en la ciudad de México, ambas partes llegaron a un acuerdo y firmaron el tratado de paz, amistad, límites y arreglo definitivo entre mexicanos y americanos, mejor conocido como tratado Guadalupe Hidalgo siendo presidente interino de México Manuel de la Peña y Peña y en Estados Unidos era James Knox Polk. El tratado Guadalupe Hidalgo es el real de toda la confusión que generó en México en los dos últimos siglos pasados por la pérdida de los territorios que comprende la totalidad de California, Nevada, Utah, Nuevo México, Texas, y partes de Arizona, Colorado, Wyoming, Kansas y Oklahoma. México renunciaría a todo reclamo sobre Texas. El tratado Guadalupe Hidalgo fue suscrito el 2 de febrero de 1848, asiéndose efectivo el 30 de mayo de ese mismo año. La condición de ratificación fue en Querétaro, firmantes: Estados Unidos Mexicanos, Estados Unidos de América. Como compensación los EE-UU pagarían 5 millones de dólares por daños al territorio mexicano durante la Guerra. Cuando el senado estadounidense ratificó el tratado, elimino el artículo 10 que garantizaba la protección de las concesiones de las tierras dadas a los mexicanos por los gobiernos de España y México. También debilitó el artículo 9, el cual garantizaba los derechos de ciudadanía de los mismos. Los políticos de la época y actuales al igual que el pueblo que no se informan de la historia, culpan a Santana por vender a Texas ¿Y los otros territorios quien los vendió? Santana solo fue un bajo político militar y borracho empedernido; once veces fue presidente de México y el pueblo dormido confiaba en él; en la batalla del Álamo en 1836 en Texas, los americanos lo agarraron dormido y borracho y se lo llevaron a Washington y solo firmó su rendición con la condición de no volver a atacar a los americanos, nunca firmó un tratado. Los americanos lo dejaron vivo, lo liberaron creyendo que al regresar a México los políticos y el pueblo lo colgarían formándole un juicio militar. ¿Pero qué paso? El pueblo al saber que los americanos lo habían liberado, dijeron: ¡pobrecito! Cuánto ha de haber sufrido, y lo recibieron con música, tirando cohetes y haciendo gran algarabía por su liberación. Poco se habla de estos pasajes y tratados de la historia de México.

4.4 Constituciones y Leyes

Como ya dije, El 27 de octubre de 1849 se formó el estado de Guerrero y Juan Álvarez fue el primer gobernador del 27 de octubre al 31 de enero de 1850; fue un periodo provisional. También fue presidente del

4 de octubre al 11 de diciembre de 1855 por breve periodo. Derrocó al dictador Antonio López de Santa Ana junto con su sucesor Benito Juárez, ambos liberales. Tenían mucho apoyo en Guerrero y ese apoyo se sintió en Tlapala. La constitución de 1857 les dejaba las manos libres a los extranjeros, uniones civiles, corporaciones, entre otras; mientras que antes de 1856 la ley de desamortización todo lo prohibía, por eso en 1917, mientras México se desgarraba en sus conflictos internos los del norte no aprobaban la constitución y hubo unos cuantos que apoyaron a Villa para seguir en el conflicto. El 13 de junio de 1859 Juárez declara propiedad nacional todos los bienes de la Iglesia Católica y en ese mismo año la cofradía católica de Tlaxmalac deja de cobrar a los feligreses. En 1861 es reelecto presidente. En la Guerra con Francia, los franceses tenían apoyo de unos pocos traicioneros mexicanos como terratenientes, conservadores políticos que tenían miedo de perder el poder político, tierras y cargos públicos con el gobierno de Juárez. La guerra de invasión francesa duro 5 años, de 1862 a 1867, mientras en los EE-UU, ya el 6 de junio de 1854 se había formado el Partido Republicano que se declaraba contrario a la esclavitud, y el 9 de junio de 1862 el senado americano vota en favor de la abolición de la esclavitud en todo los EE-UU. Mientras la

población mexicana resentida y adolorida, en 1843 expresa sus sentimientos cantando el himno nacional mexicano, un himno que expresa en sus notas ir a la guerra y no a la paz, calma y amor. En los EE-UU, el 15 de mayo de 1862 se tocó por primera vez el himno nacional americano en un juego de beisbol en Brooklyn N.Y. En México, la inmensidad de su rica cultura ha sido ultrajada por el coloniaje español al igual que los sitios y monumentos, así como también perdió la mitad de su territorio nacional, muestra es que en 1846 el estado de Nuevo México pasa a manos de los EE-UU y en ese año mandó su ejército para resguardarlo. La cultura e historia mexicanas es muy rica. En 1833 se dan a conocer las famosas Momias de Guanajuato.

4.5 Las telas

En 1885 había telas para vestir llamadas percales, rayaditos, cambrallas y mantas, el metro costaba 5.10, 12, y 15 centavos, la tela de manta era la más barata y más usada. Años más tarde todo fue cambiando y hoy en día todo lo relacionado a lo dicho ha desaparecido.

4.6 La Fiebre Aftosa

En el periodo de Miguel Alemán siendo presidente de México se dio la Fiebre Aftosa; durante el año de 1946 y 1954 productores, médicos veterinarios y gobierno lucharon contra esta fiebre; la misma procedía de Brasil durante la importación de ganado del toro cebú. Cuando se extendió la noticia de la enfermedad, se cerraron todas las fronteras a nivel internacional en cuestión de importación de carne y más. En 1947 Estados Unidos y México unieron esfuerzos para erradicarla y crearon la Comisión México América para la erradicación de la Fiebre Aftosa MAEFA. La vacunación comenzó en 1948. La dosis se solicitó a 3 laboratorios europeos y uno sudamericano. En México comenzó la producción de la dosis en abril de 1950. En 1952 los gobiernos de México y EU consideraron haber erradicado la fiebre aftosa. En mayo de 1953 y en abril de 1954 aún se presentaban los últimos brotes en el estado de Veracruz. 60 millones de vacunas se usaron y el gasto de 250 millones de dólares para el control y desaparición de la fiebre y la vida de 5 médicos veterinarios que acudieron a la emergencia nacional. La Fiebre Aftosa fue desastrosa para el ganado, el ganadero Ricardo Betancourt Salgado me comentó que los efectos eran dolor, escozor y que el ganado se lamía las pezuñas porque éstas sangraban y al lamérselas se infectaba y moría. Había ganaderos que pelaban el ganado muerto porque no querían perder el cuero, estos ganaderos se infectaban y morían, era recomendable enterrar o quemar a los animales que ya habían muerto para evitar la propagación.

4.7 La Encefalitis Equina

Se comenta que la Encefalitis Equina se propagó por caballos enfermos que trajeron los extranjeros a México en los juegos olímpicos en 1968. Los efectos comenzaron a mediados de 1970 y en 1973 agarró fuerza y se extendió por todo el país, no solo afectó a los equinos, sino que también murieron personas por esta enfermedad.

4.8 La Viruela

La viruela se dio por primera vez en nuestra región en 1913. El último ataque fue afines de 1942 dejando huellas en quien la padecía, se dice, según los reportes, que solo vivían 3 días quienes la padecían y luego morían. Las personas se contagiaban rápido cuando la viruela era negra, en esos años no había cura, era muy rara la persona que se salvaba, se curaban con mezcal y sal, ambos elementos mezclados, se ponían en la boca y se rociaba en las partes dañadas del cuerpo donde estuviera sangrando la herida. Eran gritos de dolor, el llanto era agónico y el que lograba sanar quedaba ciego, cacareco o tullido. Fueron terribles los efectos de la viruela negra. Afines de 1943 llego la vacuna general, o sea, para todos y en 1944 vino la revacunación a toda nuestra región y todo México. Nunca más se ha dado otro ataque masivo de viruela en México.

4.9 Novela de Porfirio Cadena

En 1965 el escritor Rosendo Ocaña lanza al aíre por primera vez su famosa y popular novela *Porfirio cadena el ojo de vidrio*, se trasmitía por RCN. Radio Cadena Nacional. Fue una serie campirana con un *raiting* muy elevado, dicha novela fue el pan de cada día por más de 30 años, se dejaba de trabajar por escucharla, era transmitida de lunes a viernes de 2.p.m a 3.p.m. se llevaba el radio al lugar de trabajo donde se trabajara.

Capítulo 5

Ranchos, cuadrillas, haciendas y parajes desaparecidos

5.1 Coyantlan

En el padrón de 1846 Coyantlan está registrado como Rancho de Coyantlan, fue fundado por mestizos rancheros e independiente de Xilocintla antes de 1887, se especula que fue fundado entre 1829 y 1835. Coyantlan ahora le pertenece a Xilocintla porque está dentro de su ejido. En 1846 siendo presidente de México Nicolás Bravo se contabilizo a todos los pueblos, villas, parajes, rancherías, cuadrillas y haciendas en todo México y no tanto porque le interesara al gobierno por saber cuántos eran o impartir programas sociales, sino lo que les importaba era saber cuántos hombres había en cada región para llevarlos a la Guerra si era necesario. Coyantlan estaba formado por 34 habitantes: 16 hombres y 18 mujeres, 9 matrimonios empadronados, 4 matrimonios mestizos y

4 naturales, más uno non. 8 apellidos: Estrada, Pastrana, Salgado, Taboada, Soriano, Sánchez, Cruz y Ayala. En el padrón de 1849 había 45 personas registradas chicos y grandes, había 5 apellidos mestizos: Cruz, Montañez, Salgado, Apaez, y Cuevas; la mayoría de la población era natural. Este padrón tiene la fecha del 9 de enero de 1849 cuando Benito Juárez empezaba a despuntar en México. La gente empezó a abandonar Coyantlan yéndose a vivir a Xilocintla, Cacahuananche y a otros pueblos naturales al sur, es lo que dicen los burócratas, en esos años el paraje de Cococingo no aparece en ninguna categoría de existencia. Son los únicos padrones encontrados de la vida de existencia de Coyantlan.

5.2 Rancho de Tlilapa

Rancho de Tlilapa, con esta categoría fue empadronado en 1846 y en este mismo año no se encontró a ningún natural, según el padrón todos eran mestizos. 25 habitantes existían empadronados, había 7 apellidos mestizos y eran: Sánchez, Bárcenas, Estrada, Vargas, Mejía, Rodríguez y Cruz; 6 matrimonios, se encontró una sola viuda llamada María Vargas de 26 años. La mayoría de las personas tenían menos de 25 años. Es el único padrón encontrado. La desaparición del

Rancho de Tlilapa se da en 1898. El lugar solo tiene huellas de su pasado que fue habitado y le pertenece al ejido de Cacahuananche.

5.3 Cuadrilla de Teponaxtla

Con categoría de cuadrilla fue registrada Teponaxtla en el padrón de 1846. 27 habitantes registrados en dicho padrón entre chicos y grandes. La mayoría de las personas eran mestizas, eran 5 matrimonios y los apellidos fueron Vázquez, Betancourt, Alarcón, Castrejón, Sánchez, Rebolledo, Téllez, Visoso, Catalán y Hernández. La mayoría de la población tenía menos de los 28 años, el más longevo tenía 55 años y la más longeva 60 años. Teponaxtla hoy en día es un lugar desolado y olvidado siendo propiedad privada en parte, los propietarios y dueños son de Cacahuanache.

5.4 Paraje de Comalacatla

Solo había 5 casas habitadas, nunca fue registrado en algún padrón, los habitantes (el que quería) se registraban en Tlapala, hay muestras de lo dicho. Este lugar le pertenece a Lagunillas y a Cacahuananche dentro de sus ejidos.

5.5 Cuadrilla de la Españita

Con 36 habitantes fue empadronada Españita y con la categoría de cuadrilla en el padrón de 1846. Tenía 23 mujeres y 13 hombres entre chicos y grandes, había 5 matrimonios. Estanislao Bárcenas era viudo y el más longevo con 61 años. Con 20 años Gertrudis Astudillo era viuda. Los apellidos fueron González, Díaz, Bárcenas, Cerezo y Vega, en su mayoría fueron González y Bárcenas, la población no pasaba de los 24 años. Solo existió un matrimonio natural. La mayoría de las personas abandonaron la Españita al terminar el siglo de 1800. Los últimos en abandonarla fueron Simón González y su hijo Joaquín en 1968. La plena armonía y desarrollo de la población fue entre 1865 a 1880, ahora es un lugar abandonado que le pertenece al ejido de Tlapala. La Españita fue fundada por españoles rebeldes fuera del control de la corona española y que desafiaron a la hacendada María Guadalupe de la Madrid dueña de dicha hacienda; Estos españoles hicieron lo que quisieron con los naturales causando grandes desmadres que hasta la hacendada les temía. En diminutivo le pusieron al lugar Españita mostrando que extrañaban su patria España. En Tlapala existieron otros parajes no registrados en padrones donde vivieron españoles y mestizos como San Marino, Los Miradores, San Agustín lugares que fueron de España, ejemplo, San Agustín es un santo español.

5.6 Hacienda de Almolonga

En 1846 fue empadronada como hacienda de Almolonga con 258 habitantes en dicho padrón. La población en su mayoría era de origen natural, este padrón está incompleto y los apellidos rescatados son Silva, García, Díaz, Ortiz, Flores, Pastrana, Villegas, Villalva y Platas. No se sabe de su desaparición, se discute que fue en 1866.

En 1849 se volvió a empadronar Almolonga teniendo 199 habitantes chicos y grandes y la mayoría eran naturales, tuvo una disminución de 59 habitantes en comparación con 1846. Solo había 19 apellidos mestizos y eran: Vázquez, Ayala, Estrada, Méndez, Benítez, Rodríguez, Góngora, Ocampo, Cruz, Maya, Aponte, Diaz, Villalobos, Salgado, Ortiz, Mejía, Sánchez, Ramírez y Aguirre, No se sabe de quien fue la hacienda, se comenta que los habitantes se fueron después de abandonarla a Xilocintla, Cacahuananche, Santa Cruz y Tlapala. No se sabe de quien son los terrenos que fueron de la hacienda o sin son propiedad privada. La hacienda estuvo a un lado de Santa Cruz y al sur de Xochimilco, muy poco se sabe de esta, pero hay registros oficiales que hablan de ella.

5.7 Paraje de Coapixca

Este paraje de Coapixca tenía 63 habitantes empadronados en 1849, su población era en mayoría de origen natural y pocos mestizos, había 7 apellidos y eran Vázquez, Salgado, Catalán, López, Pastrana, Cruz y Ayala. Había 4 mujeres viudas y 3 hombres. Coapixca estuvo pegado muy cerca de la hacienda de Almolonga, tampoco se sabe de su desaparición.

Capítulo 6

MEDIDAS Y PESAS ANTERIORES

Las medidas y pesas se usaron en México en tiempos de la ocupación española hasta 1884 en plena dictadura Porfiriana.

6.1 La Arroba

La arroba es una palabra de origen árabe, y significa la cuarta parte y equivale a un quintal que se usa para expresar masa o volumen. Una arroba pesa 25 libras, algo más de 11 kilos (11-33). Una arroba de aceite serían 12 litros y medio (12-563). Una arroba de vino sería un poco más de 16 litros (16-133).

6.2 La Vara

La vara es una Antigua medida española. Es una medida de longitud que equivale a 3 pies. La vara es una medida semejante a la yarda anglosajona pero no igual.

6.3 La Fanega

La fanega es de origen española. La fanega se usaba para medir extensiones de tierra y volumen de peso. Podemos decir que una fanega es el peso de 55 litros y medio de leche. Una fanega de terreno equivale aproximadamente a unos 6.459 metros cuadrados, támbien dependía de las comarcas y comunidades. Además, la fanega se divide en dos Almudes, o 12 Celemines, o dos cuartos, o en cuatro cuartillas.

6.4 El Celemin

El celemín es de origen español, se usaba para medir trigo y equivalía a 4,6 litros, también se usaba para medir extensiones de tierra, este equivalía a unos 537 metros cuadrados. 12 celemines hacían una fanega, por lo tanto, 6 celemines eran media fanega, también llamados cuartos. 3 celemines eran un cuarto de fanega.

6.5 La Hectárea

Una Hectárea tiene 10.000 metros cuadrados, un área tiene 100 metros cuadrados. Ahora saquen sus conclusiones en metros a una Fanega, es lo que tenían los primeros propietarios de tierras en Tlapala de medidas en Fanegas.

Anexos

1943

TAPALA

	Nombre y Apellido	Edad	Estado Civil	Ocupación	
30		5			67
31		7			54
32		42	Villa LA MONA	Agricultor	84
33	Pepita Flora	45	Soltera		70
34	Simón Rigor	60	Soltero señor	jornalero	71
35	Baltasa Armenche	20		Doméstica	72
36	Ysabel Guerrero	50	Viuda		73
37	Bryona Guerrero	7			
38		5			74
39	Francisco Betancourt	40	Casado Panchito	Agricultor	76
40	Martina Crespo	30		Doméstica	77
41	Reina Betancourt	8			78
42	Agustín Betancourt	5			79
43	Genaro Betancourt	2			80
44	Jorge Arellano	30	Casado	Agricultor	81
45	Catalina Rocha	20		Doméstica	82
46	Celestino Arellano	3			83
47	Irene Arellano	1			
48	Eusebio Salgado	36	Casado Eusebio	Agricultor	84
49	Domitila Pineo	35	Quintina	Doméstica	85
50	Francisco Salgado	14	Soltero		86
51	Rafael Salgado	12			87
52	Juan Salgado	10			88
53	Manuel Salgado	8			89
54	Prudencia Salgado	5			90
55	Gilberto Salgado	3 meses			91
56	Pifanio Salgado	19	Casado	Agricultor Pifanio	92
57	María Arellano	18		Doméstica	93
58	Candelaria Pineo	30	Soltera Candelaria Visoso		94
59	Máximo Ramírez	7	Máximo		95
60	Feliciano Soriano	60	Casado		96
61	Luisa Betancourt	50		Agricultor	97
62	Altagracia Soriano	20	Altagracia Soriano	Doméstica	98
63	Fau Soriano	14			99
					100

Padrón general de los habitantes de ambos sexos de la
Comisaría de Cacahuananche, perteneciente al Municipio de Huitzuco
Estado de Guerrero.
        Año de 1937—

        Cacahuananche 1937.

1846 Cuadrilla de Lagunilla

Nombre	Edad				
Juan Sánchez	60. casado	latt. Ind.			
María Manuela	40. casada				
Juana M. Sánchez	15. niña				
M. Alejandra Sánchez	13. niña				
M. Ignacia Sánchez	8. niña				
Ign. Victoriano	30. casado	horro			
María Gertrudis	40. casada				
María Agustina	11. niña				
Crescencia Torres	8. niña				
María del Pilar	6. niña				
Ign. d. Rosa	32. casado	horro			
María Cristina	38. casada				
María Alfara	11. niña				
José Vitorio	5. niño				

... habitantes de la Ciud.ᵈ de Xilotepec 820. 322. 21

Cuadrilla de Tlapala. 1846

D.ⁿ Agustin Chavez	50. casado	Labrador	Tlapala		
Ignacio de Aranzo	50. casado		id.		
Felipe Chavez	18. solt.º	Lab.ᵈ	id.		
Bartolo de Chavez	16. soltero		id.		
Antonio de Chavez	12. niño		id.		
Nicolas de Chavez	10. niño		id.		
Jose de Chavez	8. niño		id.		
Ascencia de Chavez	6. niña		id.		
Hermenegilda de Chavez	2. niña		id.		
Gerardo de Chavez	30. casado	Lab.ᵗ	id.		
Jose ... Lorenzo	37. casado		id.		
Esteban de Chavez	43. casado	Lab.ᵗ	id.		
M. Josefa ...	30. casada		id.		
Jose de M.ⁱᵃ de Chavez	3. niño		id.		
Agustin de Chavez	1. niño		id.		
Jorge ...	30. casado	Lab.ᵗ	id.	nieto ...	.....
Mar ...	... casada		id.		
... Juana de Lara	18. dona		id.		
Guadalupe de Lara	14. dona		id.		
Felipe de Lara	12. niño		id.		
... de Lara	6. niña		id.		
Antonia Francisca	30. viuda		id.		
		Alas vueltas		33 „ 03 „ 22

(4)

Padrón General de los vecinos que havitan
en la Quadrilla de Comanche Dulce en 10 de 18[?]4

Nombres	Estado	Edad	Profecion	[Total]
Santos [...]	Casado	46	Labrador	1
[...] su esp.a		40		1
Jose de Jesus		14		1
M.a Dorotea		12		1
M.a Rosa		10		1
M.a [...]		8		1
M.a [...]		4		1
Patricio Antonio	Casado	50	Labrador	1
M.a Guadalupe su esp.a		30		1
Jose Fran.co		10		1
M.a [...]		4		1
Simon Miguel		12		1
Jose Miguel		7		1
Juan Antonio	Casado	47	Jornalero	1
M.a [...] su esposa		16		1
Antonio [...]	Casado	48	Jornalero	1
Rosa [...] su esposa de esp		40		1
M.a [...]		16		1
[...] Siriaca		14		1
M.a [...]		6		1
M.a [...]		1		1
Pedro Severino		14		1
Jose [...]		12		1
Cruz [...]		10		1
Jose [...]		5		1
[...] Salgado	Casado	60	Labrador	1
M.a [...] su esposa		60		1

Iglesia y kiosco de Cacahuananche

Árbol amate, de más de 500 años. Tecolotlá

Guerrero: historias y costumbres de pueblos originarios
de Sotero Contreras. Houston, Texas, E.U.A.
2021